즐거운 와인 라이프를 위한
친절한 와인 테이스팅 기초 지식

WINE TASTING NO KISO CHISHIKI supervised by Masashi Kubo
Copyright ⓒ 2014 SHINSEI Publishing Co.,Ltd.
All rights reserved.
First published in Japan by SHINSEI Publishing Co., Ltd., Tokyo.

This Korean language edition is published by arrangement with SHINSEI Publishing Co., Ltd.,
Tokyo in care of Tuttle-Mori Aency, Inc., Tokyo through Danny Hong Agency, Seoul.
Korean Translation rights ⓒ 2020 by Turning Point

이 책의 한국어판 저작권은 대니홍 에이전시를 통한 저작권자와의 독점 계약으로
(주) 터닝포인트아카데미에 있습니다. 저작권법에 의해 한국 내에서 보호를 받는 저작물이므로
무단전재와 복제를 금합니다.

즐거운 와인 라이프를 위한
친절한 와인 테이스팅 기초 지식

2020년 8월 24일 초판 1쇄 인쇄
2020년 8월 31일 초판 1쇄 발행

지은이 구보 마사시
옮긴이 최시원
감수 정하봉

펴낸이 정상석
책임편집 엄진영
표지디자인 양은정/ 본문편집 이경숙
펴낸 곳 터닝포인트(www.diytp.com)
등록번호 제2005-000285호

주소 (03991) 서울시 마포구 동교로27길 53 지남빌딩 308호
대표 전화 (02)332-7646
팩스 (02)3142-7646
ISBN 979-11-6134-073-9 (13570)

정가 20,000원

내용 및 집필 문의 diamat@naver.com
터닝포인트는 삶에 긍정적 변화를 가져오는 좋은 원고를 환영합니다.
이 책에 수록된 모든 내용, 사진이나 일러스트 자료, 부록 소스 코드 등을 출판권자의 허락없이
복제, 배포하는 행위는 저작권법에 위반됩니다.

이 도서의 국립중앙도서관 출판예정도서목록(CIP)은 서지정보유통지원시스템 홈페이지(http://seoji.
nl.go.kr)와 국가자료공동목록시스템(http://www.nl.go.kr/kolisnet)에서 이용하실 수 있습니다.
(CIP제어번호: CIP2020029037)

시작하는 글

와인 전문가의 길로 접어든 1984년 당시만 해도 일본의 국민 1인당 연간 와인 소비량은 1병도 채 되지 않을 만큼 낮았습니다. 하지만 점차 와인을 접할 기회가 늘면서 2018년의 소비량은 어느덧 3.5ℓ로 5배 가까이 증가했습니다(한국은 1987년 와인 수입이 시작되어 꾸준한 성장을 거치면서 2019년 처음으로 와인 수입액이 3억 달러를 넘어갔다). 세계 각국에서 다양한 와인이 수입되고 일본 국내의 와인 생산도 크게 발전해 프랑스나 이탈리안 레스토랑뿐 아니라 일식 전문점을 비롯해 여러 음식점에서 와인을 만날 수 있게 되었지요. 더욱이 가정에서도 와인이 등장하는 빈도가 확연히 늘었습니다.

와인과 함께 하는 생활에는 즐거움이 있습니다. 식사 자리에 와인이 더해지면 대화에 활기가 생기고 딱딱한 분위기도 누그러집니다. 요리의 맛도 한층 더 살아나지요. 손님을 초대한 식사 자리에서도 와인은 빠질 수 없는 존재이며 오로지 와인만을 즐기는 목적으로 모인 모임이 열리기도 합니다. 그런 자리에서 '와인의 맛과 향을 다른 사람에게 설명하고 싶은데 어떻게 해야 하지?' '내가 느낀 와인의 매력을 아무리 설명해도 잘 전해지지 않는 것 같아.' '평소에 전혀 생각하지 못했던 요리와 와인의 조합에서 놀라운 맛을 느꼈다고 말하고 싶은데 적절한 단어가 떠오르지 않아.'와 같은 고민을 한 적은 없는지요?

사람은 누구나 새로운 맛을 발견할 때면 다른 사람과 이야기하고 싶어집니다. 자신이 느낀 감동을 말로 표현하고 다른 사람의 공감을 얻으면 즐거움이 더욱 커지기 때문입니다. 와인의 맛과 향을 설명하려면 와인 테이스팅의 공통 언어를 활용할 줄 알아야 합니다. 자격시험 합격을 목표로 공부하는 사람은 테이스팅 표현력 외에도 블라인드 테이스팅에서 품종을 정확히 파악해내야 합니다. 테이스팅의 기초 지식을 키우고 실력을 높이는 '지름길'은 없지만 정확한 지침을 알면 오랜 시간 멀리 돌아가거나 길을 잃을 염려는 없어집니다. 와인의 세계는 즐겁고도 심오합니다. 이 책이 독자 여러분이 와인 라이프를 즐기는 데 올바른 길잡이가 될 수 있다면 제게는 더할 나위 없는 기쁨일 것입니다.

구보 마사시(久保將)

Contents

3 시작하는 글
8 책 바로 보기

Intro
Intro 와인 비교하기

10 레드 와인과 화이트 와인
12 품종별 비교
14 지역별 비교
16 빈티지별 비교
18 가격별 비교

Part 1
와인 테이스팅의 기초

22 테이스팅이란?
24 테이스팅 방법
26 와인 정보 수집하기
28 테이스팅 노트와 기억 정리

Part 2
외관 관찰하기

32 외관 관찰하는 방법
34 투명도과 발포성
36 점성
38 레드 와인의 색조
40 화이트 와인의 색조
42 외관을 형성하는 요소
44 외관과 시간의 관계
46 외관 정보 정리하기
48 외관 표현 공식
49 외관에 관한 Q&A

Part 3
향 감지하기

- 52 향 감지하는 방법
- 54 향이 주는 인상
- 56 레드 와인 - 연한 느낌의 이미지 팔레트
- 58 레드 와인 - 진한 느낌의 이미지 팔레트
- 60 레드 와인 - 어린 느낌의 이미지 팔레트
- 62 레드 와인 - 노쇠한 느낌의 이미지 팔레트
- 64 화이트 와인 - 연한 느낌의 이미지 팔레트
- 66 화이트 와인 - 진한 느낌의 이미지 팔레트
- 68 화이트 와인 - 어린 느낌의 이미지 팔레트
- 70 화이트 와인 - 노쇠한 느낌의 이미지 팔레트
- 72 향 표현하기
- 74 향 아로마 휠
- 76 향 분류 도감
- 89 향에 관한 Q&A

Part 4
맛보기

- 92 맛보는 방법
- 94 어택과 미각
- 96 타닌의 양과 질
- 97 바디
- 98 복잡성
- 99 균형감(밸런스)
- 100 여운(애프터 테이스트)
- 101 맛의 느낌
- 102 맛에 관한 Q&A
- 103 정보 파일링하기

Part 5
알아두면 유용한 품종

106	카베르네 소비뇽	127	람브루스코
108	피노 누아	128	샤르도네
111	카베르네 프랑	131	소비뇽 블랑
112	메를로	133	리슬링
114	쉬라, 쉬라즈	135	게뷔르츠트라미너
116	네비올로	136	토론테스
117	가메	137	머스캣
118	산지오베제	138	비오니에
119	그르나슈, 가르나차	139	피노 그리, 피노 그리지오
120	템프라니요	140	슈냉 블랑
121	말벡	141	세미용
122	진판델, 프리미티보	142	알바리뇨
123	카르메네르	142	뮈스카데
124	머스캣 베일리 A	143	피노 블랑
125	알리아니코	143	실바너
125	카리냥	144	트레비아노
126	바르베라	145	코슈
126	돌체토	146	알리고테
127	피노타지		

Column ❶ 같은 브랜드, 같은 빈티지라면 고가 와인과 저가 와인 중 어떤 것을 사야 할까?   20
Column ❷ 글라스로 비교하는 테이스팅   30
Column ❸ 블라인드 테이스팅이란?   50
Column ❹ 코르크 냄새로 불리는 부쇼네란?   90
Column ❺ 레스토랑에서 와인을 주문하는 팁은?   104
Column ❻ 샴페인을 발명한 것은 돔 페리뇽이 아니다?!   147
Column ❼ 와인 수입사의 와인 선별법   148
Column ❽ 시음회는 합리적인 가격으로 귀중한 체험을 할 수 있는 절호의 기회!   186

Part 6
지도로 확인하는 품종의 재배 시작점과 양조법

150 세계 속의 와인 분포
152 프랑스
158 세계 속의 카베르네 소비뇽, 피노 누아, 샤르도네
160 미국
162 호주
164 뉴질랜드
166 칠레/아르헨티나
168 이탈리아
170 이탈리아의 흑포도 품종
171 이탈리아의 백포도 품종
172 스페인
174 독일
176 일본
178 포도와 토양
180 레드 와인 양조법
182 화이트 와인 양조법
184 로제 와인 양조법
185 스파클링 와인 양조법

Part 7
블라인드 테이스팅

188 블라인드 테이스팅 방법
190 레드 와인의 판단 기준표
192 화이트 와인의 판단 기준표

책 바로 보기

이 책은 기본적으로 다음과 같은 형식으로 구성됩니다.

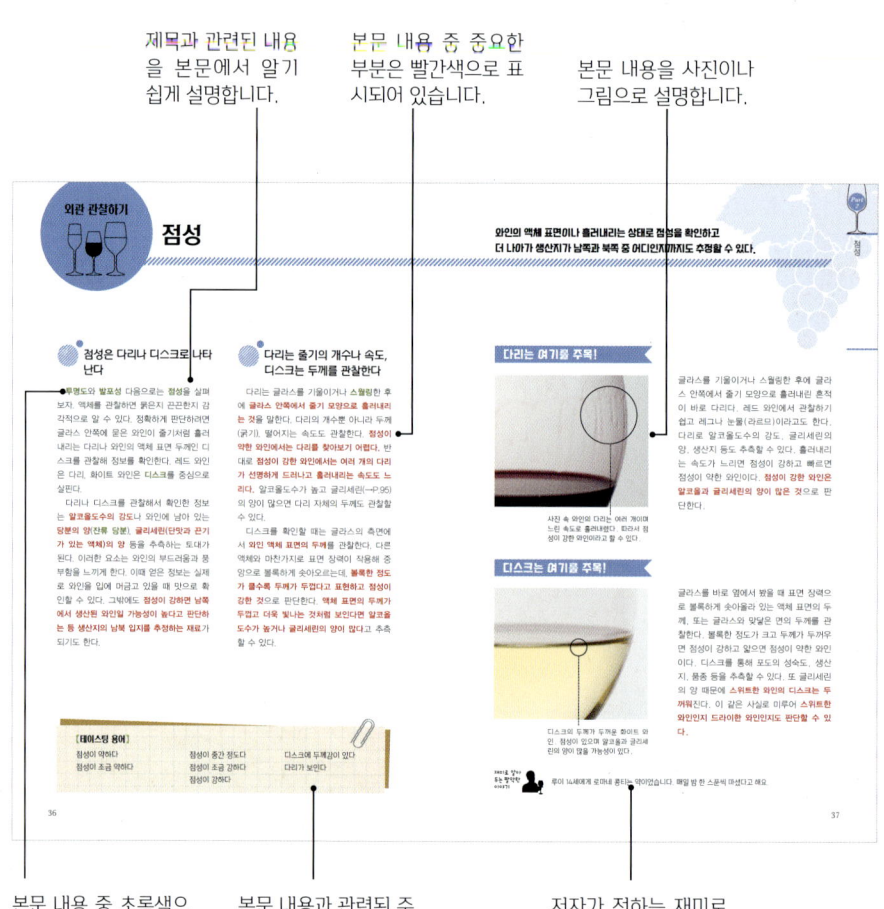

제목과 관련된 내용을 본문에서 알기 쉽게 설명합니다.

본문 내용 중 중요한 부분은 빨간색으로 표시되어 있습니다.

본문 내용을 사진이나 그림으로 설명합니다.

본문 내용 중 초록색으로 표시한 부분은 와인 관련 용어입니다.

본문 내용과 관련된 주요 테이스팅 용어가 정리되어 있습니다.

저자가 전하는 재미로 알아두는 짤막한 이야기를 소개합니다.

Intro
와인 비교하기

레드와 화이트, 품종, 지역, 빈티지, 가격을 기준으로 와인을 마시며 비교해 보자.
각 와인이 가진 고유한 맛을 느낄 수 있다.

직접 경험해 보자! 1

레드 와인과 화이트 와인

 레드 와인과 화이트와인의 차이는 색깔이 전부가 아니다!

눈가리개를 하고 와인을 마셔 본 적 있는가? 없다면 한 번쯤 경험해 보기를 권한다. 그 와인이 레드 와인인지 화이트 와인인지 알아맞히는 것은 생각보다 어려운 일이다(만약 알아맞힌다면 와인 테이스팅에 숨은 재능을 가졌는지도 모른다!). 대부분 레드 와인과 화이트 와인의 차이를 색깔로만 판별한다. 색깔 외에 또 어떤 차이점이 있는지를 알면 와인의 본질에 한 발짝 더 다가갈 수 있다.

A

레드 와인의 특징

- 원료는 기본적으로 흑포도를 사용한다.
- 과즙에 과피와 씨를 절여 색소 성분인 안토시아닌이나 떫은맛을 내는 성분인 타닌(→P.96) 등 레드 와인 특유의 향과 맛을 추출해서 만든다(마세라시옹, →P.180).
- 향의 절대량이 많다.

토미노오카 레드 토미노오카 와이너리	
품종	메를로, 카베르네 소비뇽, 카베르네 프랑, 프티 베르도
생산지	일본 야마나시현
제조사	산토리 토미노오카 와이너리
알코올 도수	12.0%

**레드 와인과 화이트 와인에는 색깔 외에 또 어떤 차이가 있을까?
직접 맛을 비교하면서 와인의 본질을 파악해 보자.**

레 드 와 인 과 화 이 트 와 인

이제부터는 레드 와인, 화이트 와인의 차이점을 구체적으로 살펴보자. 색깔이 다르다는 것은 누구나 쉽게 알 것이다. 그럼 향은 어떠한가? 레드 와인의 향이 더 강하게 느껴지지 않는가? 또 맛은 어떠한가?……. 이처럼 레드 와인과 화이트 와인의 다양한 차이점은 **사용하는 포도의 종류나 양조법의 차이**로 만들어진다. 어떤 특징이 있는지 실제로 맛을 비교하면서 확인해 보자.

B

화이트 와인의 특징

- 원료는 주로 백포도를 사용하고 드물지만 흑포도 과즙을 사용하기도 한다.
- 레드 와인처럼 마세라시옹을 하지 않고 과즙만을 발효해서 만든다.
- 타닌이 적다.
- 색소량은 적지만 시간이 지날수록 초록빛을 띤 색에서 진한 노란색, 금색, 갈색으로 변한다.
- 작은 거품이 보일 때도 있다.

토미노오카 샤르도네	
토미노오카 와이너리	
품종	샤르도네
생산지	일본 야마나시현
제조사	산토리 토미노오카 와이너리
알코올 도수	13.0%

11

품종별 비교

 흑포도의 대표 품종으로 개성을 확인한다

먼저 **차이점이 잘 느껴지는 흑포도의 대표 품종**인 프랑스 보르도 지방의 A 카베르네 소비뇽과 부르고뉴 지방의 B 피노 누아를 비교해 보자. 품종이 지닌 고유의 색과 향, 맛의 개성이 어떻게 다른지 알 수 있다. 또 비교하는 품종에 따라서는 **나무통 숙성**이나 **카보닉 마세라시옹(Carbonique Maceration)** 등 **품종특성**을 살리는 양조 기술의 차이도 확인할 수 있다.

A

색이 진하고 타닌이 강한 카베르네 소비뇽

프랑스를 대표하는 보르도 지방의 대표 품종인 카베르네 소비뇽. 색이 진하고 어두우며 향이 다양하고 복잡하다. 매우 강한 타닌. 골격과 구성력을 갖춘 와인으로 장기 숙성이 가능한 품종이다.

르 피에프 드 라그랑쥐	
품종	카베르네 소비뇽, 메를로, 프티 베르도
생산지	프랑스 보르도 메독
제조사	샤토 라그랑쥐
알코올 도수	13.0%

포도 품종의 차이는 와인의 개성으로 발현된다.
포도가 전하는 메시지에 주의를 기울여 보자.

품종별 비교

직접 경험해 보자!
비교하며 마시기 좋은 예

● 품종 고유의 특징을 비교할 때는 이렇게!

비냐 마이포 비트랄 시리즈
쉬라 ⟷ 카베르네 소비뇽 ⟷ 메를로 ⟷ 카르메네르

● 같은 브랜드 내에서 세파주(품종)의 구성이 다른 와인으로 비교한다.
카베르네가 많으면 단단하고 메를로가 많으면 부드러운 뉘앙스가 느껴질 것이다.

샤토 라그랑쥐 2005 (카베르네 소비뇽 46%, 메를로 45%, 프티 베르도 9%) ⟷ 샤토 라그랑쥐 2009 (카베르네 소비뇽 73%, 메를로 27%)

B

밝은색과 풍부한 향의 피노 누아

프랑스를 대표하는 명주의 근간을 이루는 품종 피노 누아. 주로 부르고뉴 지방에서 재배된다. 색은 밝은 루비색. 베리 계열의 향이 풍부하고 복잡하다. 카베르네 소비뇽만큼 타닌이 많은 것은 아니지만 구성력이 있는 와인이다.

몽텔리 도멘 부샤르 페르 에 피스

품종	피노 누아
생산지	프랑스 부르고뉴
제조사	도멘 부샤르 페르 에 피스
알코올 도수	13.0%

지역별 비교

 공통점과 차이점을 확인하면서 와인의 배경을 살핀다

같은 품종이라도 생산지가 다르면 맛에도 차이가 생긴다.
이름만 다를 뿐 같은 품종인 A 프랑스의 쉬라와 B 호주의 쉬라즈를 예로 들어 비교해 보자. 토양과 기후의 차이, 제조사마다 다른 양조법 등 다양한 요인으로 맛이 달라진다. 이처럼 같은 품종일 때는 외관, 향, 맛 등 각 항목의 공통점과 차이점을 확인하고 배경을 살피는 것이 중요하다.

A

동물적인 향과 강력함을 지닌 론

품종의 원산지인 프랑스 론 지방에서 만들어진 와인. 론 지방 쉬라의 고유한 맛인 동물적인 향과 오렌지 리큐어(Liqueur)의 뉘앙스, 그리고 흑후추의 뉘앙스를 확실하게 느낄 수 있다.

크로즈 에르미타주 성스 루즈 파욜 피스 에 피유	
품종	쉬라
생산지	프랑스 코트 뒤 론
제조사	파욜 피스 에 피유
알코올 도수	13.5%

포도가 자란 환경에 따라 색, 향, 맛이 달라진다.
와인의 배경을 머릿속에 그리면서 맛을 음미해 보자.

지역별 비교

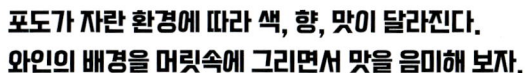
직접 경험해 보자!
비교하며 마시기 좋은 예

- 지역마다 특징의 차이가 잘 드러나는 부르고뉴 와인이 비교하기 좋다. 본의 강력하고 거친 땅과 쥬브레 샹베르탱의 우아한 아름다움과 특징적인 리코리스(감초)의 터치감을 느껴보자.

| 본 뒤 샤토 프르미에 크뤼 / 부샤르 페르 에 피스 | ←→ | 쥬브레 샹베르탱 / 부샤르 페르 에 피스 |

- 소유주가 같은 부르고뉴 지방의 샤르도네로 비교한다. 지역별 차이를 실감할 수 있다.

| 윌리엄 페브르 샤블리 / 윌리엄 페브르 | ←→ | 샤르도네 라 비녜 / 부샤르 페르 에 피스 |

B

유칼립투스가 느껴지는 호주

원산지에서 벗어나 호주에서 독자적인 진화를 거듭한 쉬라즈. 다른 품종이라고 여겨질 만큼 고유한 풍취가 있다. 색은 진하고 응축감이 뛰어나다. 잼을 연상하게 하는 농축미, 호주에 많이 분포된 유칼립투스에서 유래한 민트의 뉘앙스가 특징적이다. A와 마찬가지로 흑후추도 느껴진다.

펜폴즈 BIN 28 칼림나 쉬라즈

품종	쉬라즈
생산지	호주
	사우스오스트레일리아(남호주)
제조사	펜폴즈
알코올 도수	14.0%

15

빈티지별 비교

영 와인과 올드 와인 각각의 매력을 즐기는 방법을 찾는다

빈티지를 비교할 때는 되도록 같은 브랜드 내에서 빈티지가 다른 와인으로 비교하는 것이 좋다. 가장 먼저 색의 변화를 확인한다. 레드 와인은 보라색에서 파란색의 색소량을 비교해 숙성 기간에 따라 색소량이 줄어드는 것을 확인한다. 화이트 와인은 초록색에서 파란색 요소가 줄고 노란색 요소가 많아지는 것을 알 수 있다. 이후에는 맛과 향의 변화를 함께 지켜본다. 일반적으로 와인은 숙성 기간이 오래될수록 더 좋다고 생각하기 쉽지만 영 와인(어린 와인)과 올드 와인(노쇠한 와인)은 제각기 즐거움과 매력이 있다.

A

색과 향에서 느껴지는 신선미

주로 카베르네 소비뇽을 사용하고 보조 품종으로 메를로 등이 사용되기도 한다. 영 와인일 때는 색소가 진해 보랏빛이 많이 드러난다. 향에는 신선미가 느껴지는 과실이나 꽃의 요소가 많다. 타닌은 단단하고 강하다.

샤토 라그랑쥐 2011	
품종	카베르네 소비뇽, 메를로, 프티 베르도
생산지	프랑스 보르도
제조사	샤토 라그랑쥐
알코올 도수	13.0%

와인은 시간의 경과를 즐길 수 있는 술이다.
숙성되면서 나타나는 변화를 확인해 보자.

빈티지별 비교

직접 경험해 보자!
비교하며 마시기 좋은 예

- 포도의 작황이 좋은 해에 생산한 와인과 다소 불안정한 해에 생산한 와인을 비교한다. 철이 바뀌는 단경기에는 올해와 지난해의 빈티지가 동시에 존재하므로 이 2가지를 비교하면 새로운 차이를 발견할 수 있다!

  보르도의 레드 와인(작황이 좋은 해에 생산한 것) ↔ 보르도의 레드 와인(작황이 다소 불안정한 해에 생산한 것)

- 같은 브랜드 내에서 빈티지의 차이가 큰 와인을 비교해 숙성도가 어떻게 다른지 확인한다. 최소 5년 이상 차이가 나는 빈티지 와인으로 비교하는 것이 좋으나 숙성을 잘 견디는 와인이 아닐 경우 올드 와인을 제대로 평가하지 못할 가능성이 있으므로 주의가 필요하다.

  바롤로(영 와인) ↔ 바롤로(5년 이상 경과한 올드 와인)

  바롤로(영 와인) ↔ 브루넬로 디 몬탈치노(5년 이상 경과한 올드 와인)

B

차분한 인상을 주는 숙성감

숙성이 진행되면 보라색 색소가 점차 오렌지색으로 바뀐다. 향은 과실이나 꽃이 마른 듯한 느낌으로 변한다. A에는 없는 초콜릿의 요소도 나타난다. 타닌은 부드러워져 우아함이 드러난다.

샤토 라그랑쥐 2002	
품종	카베르네 소비뇽, 메를로, 프티 베르도
생산지	프랑스 보르도
제조사	샤토 라그랑쥐
알코올 도수	13.0%

가격별 비교

 고급 와인의 스케일을 느낀다

와인 가격의 차이는 같은 생산지의 같은 품종, 그중에서도 되도록 같은 **빈티지**를 비교하면 쉽게 이유를 알 수 있다. 고급 와인은 진한 색에 풍부하고 화려한 향이 있으며 맛의 골격, 긴 **여운**이 느껴진다. 나무통의 효과가 더해질 때도 많다. 저가 와인부터 시작해 고급 와인을 마신 다음 다시 저가 와인을 맛보면 그 차이에 깜짝 놀랄 것이다. 우선 저가 와인부터 차례대로 마시기를 추천한다.

A

과실미 가득한 합리적인 가격의 와인

직접적으로 느껴지는 베리의 향. 레드 커런트나 붉은 체리, 플럼(서양자두)를 연상하게 한다. 입안에 퍼지는 과실미를 느낄 수 있으며 그리 많지 않은 타닌과 적당한 구성력을 가진 와인이다.

부르고뉴 피노 누아 라 비네 부샤르 페르 에 피스	
품종	피노 누아
생산지	프랑스 부르고뉴
제조사	부샤르 페르 에 피스
알코올 도수	12.5%

가격별 비교

가격에는 와인의 등급이나 가치가 반영된다.
그 이유를 생각하면서 맛의 차이를 비교해 보자.

직접 경험해 보자!
비교하며 마시기 좋은 예

- ●등급의 차이를 확인할 때도 같은 생산자의 제품을 선택해야 비교하기 쉽다.

  보르도 레제르브 스페시알 루즈 / 도멘 바롱 드 로칠드 ↔ 포이약 레제르브 스페시알 / 도멘 바롱 드 로칠드

  부르고뉴 샤르도네 라 비녜 / 부샤르 페르 에 피스 ↔ 뫼르소 쥬느브리에르 / 부샤르 페르 에 피스

- ●광역 아펠라시옹(생산지)인 부르고뉴 특3등급의 품질과 가격 차이를 알 수 있다!

  부르고뉴 루즈 / 도멘 위베르 리니에 ↔ 클로 드 라 로슈 비에유 비뉴 / 도멘 위베르 리니에

B

구조가 크고 복잡한 고급 와인

색의 농도에는 큰 차이가 없다. 색조(톤)는 조금 어두운 편이다. 블랙 체리, 블랙 커런트(카시스), 들장미(찔레꽃), 스파이시한 향신료, 철분의 맛과 향이 느껴진다. 복잡하고 중후하며 큰 구조와 응축감이 있다. 여운 또한 오래 남는다.

본 그레브 비뉴 드 랑팡 제쥐 도멘 부샤르 페르 에 피스	
품종	피노 누아
생산지	프랑스 부르고뉴
제조사	도멘 부샤르 페르 에 피스
알코올 도수	13.5%

Column 1
같은 브랜드, 같은 빈티지라면 고가 와인과 저가 와인 중 어떤 것을 사야 할까?

인터넷으로 와인을 찾다 보면 분명 같은 와인인데 A숍에서는 50,000원, B숍에서는 39,000원에 판매되는 상황을 마주할 때가 있습니다. 이때 여러분이라면 어떤 것을 고르나요?

B숍이 아주 멀리 있어서 배송비가 많이 든다면 또 모르겠지만 심리적으로는 당연히 39,000원짜리 와인을 고르고 싶어질 것입니다. 하지만 정말 그래도 괜찮을까요?

와인의 유통 시스템은 아주 다양합니다. 이를테면 생산자에게서 직접 매입하는 방법, 네고시앙(도매상인)과 같은 중개상을 거쳐 매입하는 방법, 1차 유통 단계에서 전매하는 방법 등을 예로 들 수 있지요. 어떤 유통 경로를 거치는가에 따라 판매 가격이 설정되는데 생산자나 네고시앙을 통해 매입하면 시세 변동에 영향을 받지 않아 가장 적절한 가격으로 판매됩니다. 반면 2차 유통 단계 이후로는 환율이나 시장 경제 상황에 따라 가격이 변동될 수 있어 가치가 올라가거나 반대로 헐값에 시장에 풀리기도 합니다. 또 2차 유통으로 끝나지 않고 3차나 4차 유통 단계에서 판매되기도 하지요. 유통 과정을 거치는 동안 와인에 무슨 일이 벌어지는지는 아무도 모릅니다. 관리가 제대로 이루어지지 않아 품질이 떨어지는 상황도 생길 수 있습니다.

저가 와인을 살 때는 혹시 모를 위험을 감수할 각오가 필요합니다. 이러한 상황을 피하고 싶다면 무엇보다도 신뢰할 수 있는 와인숍을 찾아 두는 것이 좋습니다. 세일 기간을 잘만 이용하면 얼마든지 괜찮은 가격에 좋은 와인을 살 수 있으니까요.

Part 1
와인 테이스팅의 기초

와인 테이스팅이란 무엇인가?
테이스팅 방법과 기본적인 정보를 알아보자.

와인 테이스팅의 기초

테이스팅이란?

 테이스팅은 와인을 이해하는 과정이다!

와인 테이스팅이란 무엇인가? 단순히 맛을 확인하는 일로 여기는 사람이 많을 것이다. 물론 틀린 말은 아니다. 하지만 와인에는 맛 외에도 여러 특징과 개성이 있다. 특징과 개성은 **와인의 색과 농도, 향, 품종, 양조법** 등으로 나타난다. 테이스팅은 이러한 요소들을 확인하면서 시음한 와인이 **어떤 와인인지를 이해하는** 것이다.

테이스팅을 하는 **목적은 상황에 따라 다르다.** 예를 들어 일반인이라면 자신이 좋아하는 와인을 테이스팅해 보고 싶은 단순한 동기나 관련 기관에서 주최하는 **소믈리에 자격시험**에 도전하기 위해 테이스팅을 한다. 와인 관련 직업을 가진 전문가들 중 **소믈리에**라면 고객에게 와인을 제공하기 위해, 수입업자(**임포터**)라면 국내 시장에 판매할 와인을 선정하기 위해, 와인숍을 운영하는 사람이라면 고객에게 추천하기 위해 테이스팅을 할 것이다.

이처럼 테이스팅의 목적은 다양하다. 와인에 관한 지식이나 테이스팅의 전문성은 달라도 **목적을 달성하기 위해 테이스팅을 한다는 점에서는 모두 같다.**

 테이스팅을 구성하는 3가지 요소 - 외관, 향, 맛

그렇다면 테이스팅은 어떻게 하는 것일까?

테이스팅에는 ①**외관 관찰하기**(→P.31~), ②**향 감지하기**(→P.51~), ③**맛보기**(→P.91~)의 3가지 주요 요소가 있다. 이 3가지 요소를 통해 확인한 와인의 정보를 정리하고 느낌을 적는다. 느낌은 실제로 말로 표현할 때도 있지만 되도록 테이스팅 노트(→P.28)에 기록해 두는 것이 좋다. 언제 어떤 와인을 마셨는지 일목요연하게 알 수 있고 정보를 정리하기도 쉽다.

테이스팅을 할 때는 중요한 사실 2가지를 기억해야 한다. 바로 항상 **일정한 관점을 지녀야 한다**는 것과 **루틴화해야 한다**는 점이다. 일정한 관점이란 와인의 좋고 나쁨을 먼저 판단하지 말고 중립적인 태도로 와인을 대하는 것이다. 루틴화란 항상 같은 조건, 같은 순서로 테이스팅을 진행하는 것이다. 이 2가지를 잘 활용하면 와인의 정보를 쉽게 비교할 수 있고 정리할 때도 유용하다.

다양한 와인을 접하고 테이스팅 경험을 쌓아나가다 보면 와인의 즐거움이 무한대로 펼쳐진다. 그럼 이제부터 테이스팅을 시작해 보도록 하자.

테이스팅이란 무엇인가?
개념을 확실하게 이해하면서 와인에 대해 더 깊이 있게 알아가 보자.

테이스팅의 3가지 요소

● **외관 관찰하기**

먼저 눈으로 확인한다. 색의 농담이나 색조, 탁한지 맑은지, 액체 표면에 두께가 있는지, 글라스를 돌린 후 글라스 안쪽으로 흘러내리는 액체가 있는지 등 와인의 외관을 관찰한다. (→P.31~)

● **향 감지하기**

다음으로 와인에서 올라오는 향을 맡는다. 향의 양(볼륨), 향이 강한지 약한지, 어린 느낌인지 숙성된 느낌인지, 향을 통해 어떤 이미지가 연상되는지 등 와인의 향을 감지한다. (→P.51~)

● **맛보기**

마지막으로 와인을 입에 머금고 맛을 느낀다. 맛의 진하기는 알코올의 강도, 어떤 미각이 작용하며 얼마나 느껴지는지, 균형감은 어떠한지, 여운의 길이 등 와인의 맛을 음미한다. (→P.91~)

● **종합 평가**   외관, 향, 맛을 통해 얻은 정보를 정리하고 분석해 와인이 가진 개성과 요소를 파악한다. 또 자신의 생각과 정보를 검증한다. 최종적으로 전체적인 느낌을 파악해 종합 평가의 결론을 내린다.

재미로 알아두는 짧막한 이야기   기원전 4세기경 고대 로마 시대의 갈리아(오늘날의 프랑스에 위치한 나라)에서는 암포라(양 손잡이가 달리고 목이 좁은 큰 항아리-역자 주, 표준형 39ℓ) 1병의 와인과 노예 1명을 맞바꿨다고 합니다.

테이스팅 방법

테이스팅에 필요한 준비물

와인

테이스팅하고 싶은 와인을 준비한다. 이때 **품종이나 생산지 등에 초점을 맞춰 선정**한다. 또 와인의 온도에도 유의한다. **레드 와인 중 색이 진하고 무거운 것은 18도, 색이 연하고 가벼운 것은 16도, 바디가 큰 화이트 와인은 12도, 드라이한 것은 8**도 정도다. 와인마다 정해진 온도를 유지하면서 테이스팅한다. 익숙해지면 저온에서도 한 번 확인하고 시간이 지나 온도가 올라갈수록 어떻게 변하는지 살펴보는 것도 좋다.

오프너

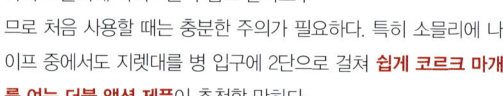

오프너에는 소믈리에 나이프, 윙 스크루, 전동 와인오프너 등 여러 종류가 있지만 기본적으로는 사용하기 편해야 한다. 고가의 소믈리에 나이프는 무겁고 날카로우므로 처음 사용할 때는 충분한 주의가 필요하다. 특히 소믈리에 나이프 중에서도 지렛대를 병 입구에 2단으로 걸쳐 **쉽게 코르크 마개를 여는 더블 액션 제품**이 추천할 만하다.

글라스

일정한 관점으로 테이스팅을 하려면 **항상 같은 글라스를 사용해야 한다**. 일반적으로 국제표준화기구 ISO에서 제정한 규격에 부합하는 비교적 작은 크기의 테이스팅 글라스가 주로 사용되고 있으나 조금 **더 커야 향이 잘 느껴지고 와인의 개성도 잘 드러나므로** 익숙해지기 전까지는 큰 글라스를 사용하는 편이 좋다. 이 책에서는 '리델 우베르튀르 시리즈 레드 와인'을 사용한다.

표적

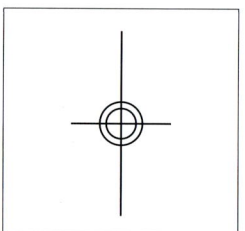

레드 와인 색의 농담을 살펴보기 위한 시트다(P.38에서 활용). 위의 그림을 흰 종이에 인쇄한 것을 말한다. 글라스로 이 표적 시트를 가렸을 때 비치는 정도를 판단한다. 꼭 필요한 것은 아니지만 준비해두면 유용하다.

【테이스팅 시의 환경 조건】

테이스팅할 때는 온도, 습도, 밝기 등의 환경을 가능한 한 같은 조건으로 유지한다. 그렇지 않으면 같은 와인이라도 다르게 느껴질 수 있다. 또 실내에는 아무 냄새도 나지 않아야 한다. 밝기는 자연광이 가장 좋지만 갖추기 어렵다면 최대한 자연광에 가깝고 밝기가 일정하게 유지되는 장소에서 진행한다. 테이스팅은 공복 상태일 때 해야 비교적 더 정확하게 판단할 수 있다.

테이스팅을 진행하기에 앞서 먼저 필요한 준비물과 순서를 확인한다.
확실하게 준비를 마친 후 시작해 보자.

테이스팅 방법

테이스팅 순서

 글라스 상태

먼저 **글라스에 오염이나 흠, 뿌연 자국, 냄새가 없는지 확인**한다. 이러한 요소들은 테이스팅을 방해하므로 올바른 정보를 얻지 못한다. 무의식 중에라도 꼭 확인하고 넘어갈 만큼 습관을 들여두자.

 코르크 마개를 여는 타이밍과 따르는 양

코르크 마개는 테이스팅하기 직전에 연다. 따르는 양은 매회 같은 양으로 맞춘다. 이 책에서 사용한 글라스로는 90㎖ 정도가 적당하다. 와인을 글라스에 따를 때는 차분하게 따르자.

 외관 관찰하기

이제부터는 테이스팅의 3가지 요소를 체크한다. 글라스를 손에 들고 새하얀 종이나 표적을 배경으로 **화이트 와인은 바로 옆에서, 레드 와인은 글라스를 안쪽으로 기울여서 외관을 살핀다.** 색의 농담이나 색조, 탁도나 광채 등 어떤 와인인지 눈으로 확인한다.

 향 감지하기

먼저 **천천히 1초** 동안 향을 확인한다. 그다음 **스월링**(→P.52)한 후 글라스 안쪽에 묻은 와인이 흐른 흔적(**다리**, →P.36)으로 점성을 살핀다. **다시 한번 2~3초 정도 천천히 향을 확인**한다.

 입에 머금기

입에 머금는 양은 일반적으로 1티스푼 정도지만 사람마다 다르다. **정해진 양은 없으니** 평소에 자신이 가장 맛을 잘 느끼는 양을 기억해 두었다가 매회 일정한 양을 입에 머금는다.

 맛보기

입으로 들어온 와인을 혀 중앙에 모았다가 **입안 전체로 퍼뜨린다.** 목구멍 안쪽까지 넣어 맛을 확인한 후 뱉는다. 이때 조금 삼켜도 괜찮다. 필요하다면 와인이 입안에 있는 상태에서 공기를 입으로 들이마시고 코로 내뱉어 입안에서 향을 확인한다.

 재미로 알아두는 짤막한 이야기

귀부 와인과 블루치즈의 조합은 가히 추천할 만합니다. 블루치즈를 싫어하던 사람도 빠져들게 만들 정도지요.

와인 테이스팅의 기초

와인 정보 수집하기

라벨과 테크니컬 시트로 생산자가 제공하는 정보를 파악한다

테이스팅을 시작하기 전에 먼저 **와인과 생산자에 관한 정보**를 수집한다. 사전 정보가 있으면 테이스팅할 때 그 와인이 생산된 지역과 사용된 품종, 양조법, 풍토 등을 체계적으로 이해할 수 있다. 일반적인 테이스팅에서는 이러한 사전 정보를 **하나하나 검증하고 정확히 파악**해나가는 것이 중요하다.

수집 가능한 정보 중 가장 신뢰할 만한 것은 바로 생산자가 제공하는 정보다. **와인 병 라벨**에서 쉽게 확인할 수 있다. 전면 라벨에는 와인의 이름이나 만들어진 장소, 품종, 생산연도 등 기본적인 정보가 실려 있다. 후면 라벨에는 내용량, 알코올도수, **와이너리**, 시음용 서비스 온도나 궁합이 잘 맞는 요리(**마리아주**) 등 조금 더 다양한 정보가 담기기도 한다.

라벨 외에 **테크니컬 시트**(Technical sheet, →P.27)에서도 정보를 얻을 수 있다. 대개 생산자나 수입사(**임포터**) 홈페이지에서 확인한다. 테이스팅할 때 필요한 자료를 미리 준비해두고 실제 사실과 비교하면서 진행하면 와인을 더 정확하고 깊이 있게 이해하게 된다.

전면 라벨

❶ 원산지
유럽연합(EU) 와인법에 따라 지리적 표시가 포함되어야 하며 원산지도 함께 기재된다.

❷ 와인명
상품명은 대부분 가장 눈에 잘 띄는 위치에 표기된다. 일반적으로는 개별 상품명이 기재되지만 품종명이나 생산지명이 상품명 대신 기재되기도 한다.

❸ 생산자명
와인의 생산자명이 기재된다. 대개 와인 라벨의 가장 하단에 위치하는데 유럽연합 와인법에서는 생산자명의 기재를 의무화하고 있다.

그 외에 라벨에 담겨 있는 정보

■ **빈티지(생산연도)**
와인이 생산된 연도가 기재되기도 한다.

■ **품종**
카베르네 소비뇽이나 피노 누아 등 포도 품종이 기재되기도 한다.

※ **광고 문구**
이 라벨에는 프랑스어로 '본의 훌륭한 와인'이라는 문구가 실려 있다.

와인을 더 잘 이해할 수 있도록
생산자가 제공하는 정보를 수집해 보자

후면 라벨

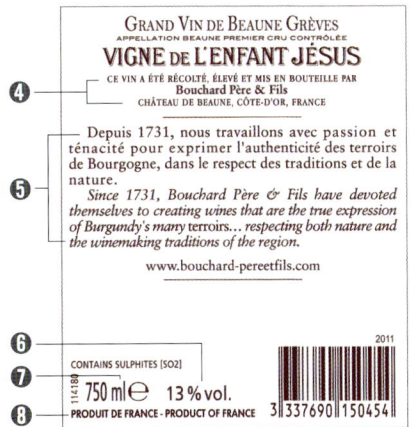

테크니컬 시트

출처: 도멘 부샤르 페르 에 피스 홈페이지
(http://www.bouchard-pereetfils.com/en/home-page/)

❹ **포도의 수확 및 병입을 진행한 와이너리**

포도를 수확하고 **병입**한 **와이너리**에 대한 정보가 기재된다.

❺ **와인에 관한 설명**

생산자나 와인에 관한 설명, 적정 온도, 마리아주 제안 등의 정보가 기재되기도 한다. 생산 국가 언어로만 표기하거나 영어 또는 그 외 여러 나라 언어를 병기하는 등 생산자의 판단에 따라 표기 언어가 달라진다.

❻ **알코올도수**

전면 라벨 또는 후면 라벨에 알코올도수가 표시된다. 유럽연합 와인법에서는 알코올도수의 기재를 의무화하고 있다.

❼ **내용량**

전면 라벨 또는 후면 라벨 중 한 곳에 내용량이 반드시 표시된다.

❽ **원산지**

원산지도 전면 라벨 또는 후면 라벨 중 한 곳에 반드시 표시된다. 이 와인은 프랑스산이다.

테크니컬 시트는 생산자 또는 수입사가 작성한 와인의 상세 정보나 데이터가 기재된 시트다. 라벨에 실린 정보 외에도 생산자의 철학, 포도 재배지의 토양이나 기후, 양조법과 저장 및 숙성 방법 등 테크니컬한 정보를 알 수 있다. 생산자의 테이스팅 코멘트, 궁합이 잘 맞는 요리, 서비스 온도, 올드 빈티지에 관한 정보, 수상 이력이나 와인 저널리스트의 평가 등도 기재된다.

수입 와인의 경우 반드시 번역된 자료가 있는 것은 아니지만 테크니컬 시트는 기초력 향상에 유용한 정보원으로 활용할 수 있다.

테이스팅 노트와 기억 정리

와인 테이스팅의 기초

 항상 일정한 양식에 맞춰 메모한다

테이스팅할 때는 **느낀점을 노트에 메모**한다. 메모는 흰 종이에 작성해도 되지만 자신만의 테이스팅 시트를 만들어두면 편리하다.

테이스팅 시트는 테이스팅할 때 체크해야 할 항목과 기입란을 표로 정리한 것이다. 체크 항목을 정리해 두면 **항상 일정한 포인트를 확인**할 수 있고 빠뜨리는 항목 없이 꼼꼼하게 살펴보게 된다.

오른쪽 페이지의 테이스팅 시트는 평소에 내가 주로 사용하는 양식이다. 처음에는 이 양식을 활용하다가 차차 자신만의 스타일에 맞춰 만들어가도 좋다. 만일 테이스팅 시트를 컴퓨터에 저장해서 보관할 경우 와인병이나 라벨 사진을 첨부해 두면 기억에 더 선명하게 남는다.

시트에 내용을 작성할 때는 자신의 메모나 의견은 검은색, 테크니컬 시트(→P.27)에서 얻은 정보는 파란색, 와인 세미나와 이벤트에서 강사나 소믈리에와 같은 전문가가 일러준 코멘트나 해설은 빨간색으로 정리하는 등 색을 구분하는 것이 좋다. 각각 다른 색으로 작성하면 정보가 더 효율적으로 정리되어 시간이 지나 다시 보더라도 쉽게 머릿속에 떠올릴 수 있다.

익숙해지기 전까지는 의견을 어떻게 써야 할지 막막하겠지만 어떤 내용이든 편하게 써 보도록 하자. 자연스레 차차 표현력이 향상될 것이다.

 테이스팅 시트의 보관과 반복 확인의 중요성

작성을 마친 테이스팅 시트는 어떻게 보관하는 것이 좋을까.

이를테면 날짜순으로 보관한다고 가정해 보자. 아마도 필요한 와인 정보를 바로바로 찾기 어려울 것이다. 그래서 나는 되도록 **알기 쉬운 라벨을 붙여 파일철로 정리**한다. 처음에는 생산지나 품종별로 정리하다가 정보가 많아지면 '따뜻한 지역에서 생산된 와인' '초록빛을 띤 화이트 와인' '검은 과실의 향' 등 카테고리를 더 세분화한다. 컴퓨터에 저장해서 보관할 때는 'france_bordeaux_medoc_cabernet sauvignon_(국가, 지역, 지방, 품종)'과 같이 **파일명에 여러 키워드**를 넣으면 쉽게 검색할 수 있다.

테이스팅 시트를 시간이 지나 다시 살펴보면 재미있는 사실을 발견하기도 한다. 예를 들어 새로운 와인을 테이스팅하다 보면 이전에 마신 와인과 비슷하다는 생각이 들 때가 있는데 지금의 느낌과 이전의 테이스팅 시트의 내용을 비교하면 유사점을 쉽게 파악할 수 있어 와인을 더 잘 이해하게 된다. 또 같은 파일철의 정보를 비교하다 보면 와인의 특징이나 개성이 더 명확해진다. 그뿐 아니라 발전해나가는 자신의 모습과 취향의 변화도 함께 알 수 있다.

테이스팅으로 수집한 정보를 노트에 메모해두면
표현력 향상에 도움이 된다.

테이스팅 노트 작성법

	❶ 제품 명칭	❷ 빈티지	❸ 알코올도수			❹
	샤토 라그랑쥐	2011	13.00%			2014.5.15
외관	색	조금 진하다. 짙은 가넷색 느낌. 글라스를 기울여 뒤를 비췄을 때 중심부로 글자가 보인다.				
		보랏빛 뉘앙스가 강하고 오렌지빛 터치감은 적다. 같은 빈티지의 크뤼 클라세지만 뒤아르 밀롱과 색이 크게 다르다는 점이 포인트.				
	투명도	맑다.				
	다리 / 점성	디스크는 두께감이 느껴지고 다리는 선명하게 나타난다.				
향	글라스에 채운 상태	다양한 향이 있다. 안정적이고 그윽한 향. 과실의 순수함이 드러난다. 식물적인 향도 있으나 뒤아르 밀롱의 서양 삼나무의 향은 잘 느껴지지 않는다.				
	스월링한 후	스월링하면 달콤한 과실 향이 풍부해진다. 나무통 향은 뒤아르 밀롱보다도 적어 전혀 표현되지 않는다.				
맛	어택	힘이 느껴지면서도 조금은 부드러운 듯한 첫인상.				
	단맛	초반에 살짝 단맛이 있다.				
	신맛	부드럽고 우아한 느낌. 산도는 중간 정도.				
	타닌	타닌의 양은 많으나 섬세하고 곱다. 양이 많은 만큼 입안을 티슈로 닦은 듯한 수렴성이 있는 타닌감이 느껴진다.				
	균형감	뒤아르 밀롱보다 입안에서 느껴지는 구조가 확실히 더 크다. 전설적인 빈티지는 아니지만 둥글고 부드러운 바디감과 함께 카베르네의 단단한 구조감이 있다.				
	여운	조금 오래 남는 편이다.				

❺ ❻

❶ 제품 명칭을 적는다. 생산자명 등을 함께 적어두는 것도 좋다.

❷ 같은 와인이라도 **빈티지**에 따라 느껴지는 인상이 다르므로 명확하게 적는다.

❸ 알코올의 볼륨을 확인하기 위해 적는다.

❹ 테이스팅한 날짜는 반드시 적어야 한다. **와인은 숙성과 함께 변화되는 술**이므로 테이스팅 시기는 중요한 정보가 된다.

❺ 외관, 향, 맛이 상세 체크 항목은 반드시 루틴화해서 확인한다.

❻ 노트 메모이므로 완벽한 문장을 쓸 필요는 없으며 항목별로 요점만 정리하거나 간단한 기호를 사용해도 좋다. 처음에는 자신만의 표현 방법으로 메모하더라도 익숙해지면 테이스팅 **공통 용어**를 활용해서 작성해 보자.

Column 2

글라스로 비교하는 테이스팅

와인은 글라스에 따라 외관, 향, 맛이 모두 달라집니다. 각기 다른 모양의 5가지 글라스로 비교 테이스팅을 해보았습니다.

※ 비교 방법: 각 글라스에 '샤토 라그랑쥐 2005'를 120㎖씩 채운 후 테이스팅 진행.

A 우베르튀르(Ouverture) 시리즈 레드 와인(리델)
외관으로 보이는 농도는 5가지 글라스 중 정확히 중간 정도다. 글라스에 채운 상태에서 느껴지는 향의 양이 매우 많다. 스월링하면 균형감 있는 향으로 변한다. 맛이 균형적으로 표현된다. 신맛이 조금 강조된 듯한 인상을 준다.

B 셰프앤소믈리에(Chef&Sommelier) 오픈업 시리즈 중 타닉 55(아크 인터내셔널)
외관으로 보이는 농도는 옅다. 글라스에 채운 상태에서 느껴지는 향의 양이 많은데 특히 베리, 꽃 계열이 잘 표현된다. 시간이 조금 지나면 화사하게 퍼지는 향이 올라온다. 맛으로는 입안 가득 과실미가 느껴진다.

C 아디나 프레스티지(Adina prestige) 시리즈 보르도(슈피겔라우)
외관으로 보이는 농도는 거의 중간에 가깝다. 글라스에 채운 상태에서 느껴지는 향의 양은 적은 편이다. 스월링하면 특히 숙성된 향이 잘 표현된다. 맛으로는 과실미가 진하게 퍼진다. 타닌도 강하게 느껴진다.

D 소믈리에(Sommeliers) 시리즈 보르도 그랑 크뤼(리델)
외관으로 보이는 농도는 옅다. 글라스에 채운 상태에서 느껴지는 향의 양은 적은 편이다. 스월링하면 특히 베리 계열의 향이 강조된다. 숙성된 향도 잘 표현된다. 맛은 조금 가벼우며 자연스러운 타닌감이 세련된 숙성 와인처럼 느껴진다.

E ISO 규격 테이스팅 글라스
외관으로 보이는 농도는 5가지 글라스 중 가장 짙다. 글라스에 채운 상태에서 느껴지는 향의 양이 조금 많은 편으로 나무통이나 바닐라 향이 잘 나타난다. 스월링하면 베리 계열의 향이 강조된다. 맛으로는 힘차고 타닌이 강한 와인처럼 느껴지는 경향이 있다.

Part 2
외관 관찰하기

와인 테이스팅의 첫 단계.
와인을 눈으로 살피며 정보를 얻는다.

외관 관찰하기

외관 관찰하는 방법

 시각은 가장 객관적이고 정확한 정보다

테이스팅의 첫 단계는 **외관 관찰하기로 시작**된다. 하지만 왜 외관을 제일 먼저 관찰해야 하는지, 왜 곧바로 맛을 보면 안 되는지 의문이 생기기도 할 것이다. 그 이유는 시각에 있다.

인간의 오감 중에서 **시각은 가장 객관적이고 정확하게 정보를 전달**한다. 인간은 오로지 눈으로 사물을 볼 때만 사실을 있는 그대로 받아들이고 표현한다. 반면 **후각이나 미각은 같은 향과 맛이라도 사람마다 표현하는 방법이 저마다 다르고 그 느낌을 다른 사람과 공유하기 어렵다**. 와인을 테이스팅할 때 향이나 맛을 표현하는 공통 언어를 활용하는 것도 같은 이유 때문이다. 그래서 가장 먼저 외관을 관찰하면서 와인의 정보를 파악하고 그 과정에서 얻은 정보를 토대로 테이스팅을 진행한다.

와인의 외관을 살펴보면 **색소의 구성이나 절대량과 같은 품종특성은 물론 양조 기술이나 시간 경과로 생기는 변화, 와인의 건전성 등** 대략적인 정보가 파악된다. 그뿐 아니라 알코올이나 당분의 양과 같이 직접 마셔봐야지만 알 수 있는 부분까지도 미리 확인할 수 있다.

이처럼 외관을 관찰하는 것만으로도 와인에 대해 많은 정보를 얻게 된다. 주의 깊게 관찰하는 습관을 기르도록 하자.

 먼저 외관 체크 포인트부터 정리하자

그렇다면 구체적으로 어떤 점에 유의하면서 외관을 관찰해야 할까. 확인해야 할 포인트는 크게 4가지로 나뉜다.

① **와인의 색**
② **액체의 상태**
③ **액체 표면의 상태**
④ **글라스에 묻은 액체의 상체**

오른쪽 페이지의 사진을 보면서 확인해보자.

먼저 ①와인의 색을 관찰할 때는 레드 와인이나 화이트 와인 모두 와인의 색이 진한지 연한지(**농담**), 어떤 색인지(**색조**)를 확인한다. 특히 레드 와인은 액체 표면의 윤곽, 즉 엣지(Edge)의 색이 진하고 선명한지 색이 빠진 듯 연한지도 함께 살펴본다. 다음으로 ②액체의 상태를 관찰할 때는 공통적으로 맑은지 탁한지(**투명도**)를 파악하고 화이트 와인은 거품이 있는지 없는지(**발포성**)를 확인한다. ③액체 표면의 상태와 ④글라스에 묻은 액체의 상태를 관찰할 때는 와인의 점성을 확인한다. 화이트 와인은 액체 표면의 상태인 **디스크(Disk)**, 레드 와인은 글라스 안쪽으로 흘러 떨어지는 액체인 **다리(레그; Legs)**를 살핀다.

이러한 포인트에 초점을 맞춰 와인의 외관을 관찰하면 과연 어떤 정보를 얻을 수 있는 것일까. 다음 페이지에서 더 자세히 살펴보자.

와인의 외관으로 알 수 있는 정보는 색깔이 전부가 아니다.
관찰해야 할 포인트에는 어떤 것들이 있는지 알아보자.

외관 관찰하는 방법

레드 와인은 여기를 주목!

엣지
액체 가장자리 부분의 색을 관찰한다. 숙성도나 품종의 특징, 양조의 영향 등을 판단할 수 있다.

농담
농도를 관찰한다. 글라스를 기울인 상태에서 아래쪽의 어느 한 부분에 초점을 맞추고 얼마나 잘 들여다보이는지 주의 깊게 살펴보면 농담을 쉽게 파악할 수 있다. (→38쪽)

색조
보랏빛을 띤 붉은색인지 오렌지빛을 띤 붉은색인지 관찰한다. 색조를 통해 숙성도나 품종의 특징, 양조의 영향 등을 알 수 있다. (→38쪽)

점성
와인의 점성을 확인하려면 글라스 안쪽으로 흐르는 액체의 줄기를 관찰한다. 이 줄기를 다리(레그) 혹은 눈물(라르므; Larmes)이라 부른다. (→36쪽)

화이트 와인은 여기를 주목!

디스크
액체 표면의 두께를 관찰한다. 표면이 두꺼우면 점성이 강한 와인, 얇으면 점성이 약한 와인이다. (→36쪽)

투명도
투명성이 있는지 없는지, 투명도가 높은지 낮은지를 관찰한다. 와인의 건전성이 어떠한지 알 수 있다. (→34쪽)

발포성
와인 글라스 안쪽에 거품이 생기는지 아닌지 관찰한다. (→34쪽)

농담 및 색조
농도와 색을 관찰한다. 이 2가지 정보를 통해 다양한 사실을 추측할 수 있다. (→40쪽)

> 재미로 알아두는 짤막한 이야기
> 김은 레드 와인에 잘 어울리는 안주랍니다.

외관 관찰하기

투명도와 발포성

 투명도로 알 수 있는 와인의 개성

외관을 관찰할 때 빠르게 체크할 수 있는 포인트 중 하나가 투명도다. 투명도는 **와인의 맑고 탁한 정도를 살펴보는 것**이다. 와인은 당연히 투명하고 맑아야 한다고 생각하는 사람이 많은데 반드시 맑은 와인이 좋은 와인이라고 할 수는 없다.

포도를 짜서 과즙을 내는 단계에서 시작해 발효와 숙성을 거친 와인은 탁해진다. 따라서 와인을 **병입**(병에 주입하는 것-역자 주)하기 전에 **청징**(와인에 응집력이 있는 첨가제를 넣어 혼탁 입자와 결합시키고 부피를 크게 만들어 가라앉히는 과정-역자 주)**과 여과 공정(→180쪽)으로 혼탁한 색과 부유물을 제거한다**. 이 공정을 거치면 와인이 가진 색과 향, 맛까지 함께 제거될 우려가 있어 일부 생산자는 이를 생략하고 탁한 상태의 와인을 그대로 출하하기도 한다. **와인을 만드는 생산자의 고집과 기준, 생산 방식에 대한 개성**이 드러나는 부분이다. 단 처음에는 투명하던 와인이 탁해지거나 부유물이 생겼다면 품질이 악화된 것일 가능성이 있으므로 주의가 필요하다.

 스틸 와인의 거품으로 여러 가지 가능성을 추측한다

여기서 말하는 **발포성**은 **스파클링 와인**과 같이 끓어오르듯 일어나는 거품이 아니라 **스틸 와인**에서 볼 수 있는 거품을 의미한다. 글라스 안쪽에 공기 방울이 거품이 되어 맺힌다. 주로 화이트 와인에서 나타나고 최근에 양조된 제품일수록 거품이 생길 확률이 높다.

거품의 정체는 탄산가스다. 발효 공정 중에 발생한 탄산가스는 와인 안에 녹아든다. 그러다 와인을 글라스에 따르면 거품으로 나타나기도 한다. 또 산화 방지를 위해 산소를 질소가스로 치환하기도 하는데 산소를 확실하게 제거하면서 질소가스보다 가격이 저렴한 탄산가스로 치환하는 생산자도 있다. 이 방법 또한 거품이 생기는 원인으로 작용한다. 탄산가스로 치환하는 방법은 와인을 병에 주입할 때 이용되기 때문에 나무통 발효 과정을 거쳐 탄산가스가 있을 리 없는 와인이라도 거품이 나타나기도 한다. 이처럼 스틸 와인의 거품으로 여러 가지 가능성을 추측할 수 있다는 사실도 기억해 두자.

[테이스팅 용어]

크리스털 같은 광채	맑은	투명한
광채가 있는	청징한	뿌옇고 탁한
광택이 있는	깨끗한	앙금(침전물)이 있는

눈에 보이는 액체의 상태에는
생산자의 고집과 기준이 고스란히 담겨 있다.

투명도와 광채

뿌옇고 탁함이 없으며 투명감과 광채가 있는 와인.

광채는 높은 투명도 때문이 아니라 높은 빛의 굴절률로 만들어진다. **북쪽에서 생산된 와인은 광채가 강하고 남쪽에서 생산된 와인은 광채가 약한 경향이 있다**는 점으로 미루어 보아 산도와의 관련성을 추측할 수 있다. 실제로 주석산으로 산도를 보완한다 해도 일반적인 정도로는 외관상 광채의 변화를 느낄 수 없다. 광채가 매우 강할 때는 '크리스털 같은 광채'라고 표현한다. 이 용어는 가장 좋은 광채를 일컫는 말이다. 만일 뿌옇고 탁하다면 조정이나 여과를 거치지 않고 병에 주입된 와인이거나 변질된 와인일 가능성이 있다.

스틸 와인의 거품

작고 섬세한 거품이 발생한다. 테이스팅할 때는 거품의 양과 크기에도 주목한다.

스틸 와인의 거품은 차가운 와인을 글라스에 따른 후 곧바로 나타나지는 않지만 온도가 점차 올라갈수록 글라스 안쪽으로 방울방울 맺히기 시작한다. 거품이 나타나는 데까지 1분 정도 걸릴 때도 있다. **스월링**(→P.52)하거나 글라스를 강하게 흔들면 거품이 사라져 보이지 않게 된다. 되도록 그 전에 확인하도록 하자.

외관 관찰하기

점성

 점성은 다리나 디스크로 나타난다

투명도와 **발포성** 다음으로는 **점성**을 살펴보자. 액체를 관찰하면 묽은지 끈끈한지 감각적으로 알 수 있다. 정확하게 판단하려면 글라스 안쪽에 묻은 와인이 줄기처럼 흘러내리는 다리나 와인의 액체 표면 두께인 디스크를 관찰해 정보를 확인한다. 레드 와인은 다리, 화이트 와인은 **디스크**를 중심으로 살핀다.

다리나 디스크를 관찰해서 확인한 정보는 **알코올도수의 강도**나 와인에 남아 있는 **당분의 양**(**잔류 당분**), **글리세린**(**단맛과 끈기가 있는 액체**)**의 양** 등을 추측하는 토대가 된다. 이러한 요소는 와인의 부드러움과 풍부함을 느끼게 한다. 이때 얻은 정보는 실제로 와인을 입에 머금고 있을 때 맛으로 확인할 수 있다. 그밖에도 **점성이 강하면 남쪽에서 생산된 와인일 가능성이 높다고 판단하는** 등 **생산지의 남북 입지**(**기후의 특성**)**를 추정하는 재료**가 되기도 한다.

 다리는 줄기의 개수나 속도, 디스크는 두께를 관찰한다

다리는 글라스를 기울이거나 **스월링**한 후에 **글라스 안쪽에서 줄기 모양으로 흘러내리는 것**을 말한다. 다리의 개수뿐 아니라 두께(굵기), 떨어지는 속도도 관찰한다. **점성이 약한 와인에서는 다리를 찾아보기 어렵다**. 반대로 **점성이 강한 와인에서는 여러 개의 다리가 선명하게 드러나고 흘러내리는 속도도 느리다**. 알코올도수가 높고 글리세린(→P.95)의 양이 많으면 다리 자체의 두께도 관찰할 수 있다.

디스크를 확인할 때는 글라스의 측면에서 **와인 액체 표면의 두께**를 관찰한다. 다른 액체와 마찬가지로 표면 장력이 작용해 중앙으로 볼록하게 솟아오르는데, **볼록한 정도가 클수록 두께가 두껍다고 표현하고 점성이 강한 것**으로 판단한다. 액체 표면의 두께가 두껍고 더욱 빛나는 것처럼 보인다면 알코올도수가 높거나 글리세린의 양이 많다고 추측할 수 있다.

[테이스팅 용어]

점성이 약하다	점성이 중간 정도다	디스크에 두께감이 있다
점성이 조금 약하다	점성이 조금 강하다	다리가 보인다
	점성이 강하다	

와인의 액체 표면이나 흘러내리는 상태로 점성을 확인하고
더 나아가 생산지가 남쪽과 북쪽 중 어디인지까지도 추정할 수 있다.

다리는 여기를 주목!

사진 속 와인의 다리는 여러 개이며 느린 속도로 흘러내렸다. 따라서 점성이 강한 와인이라고 할 수 있다.

글라스를 기울이거나 스월링한 후에 글라스 안쪽에서 줄기 모양으로 흘러내린 흔적이 바로 다리다. 레드 와인에서 관찰하기 쉽고 레그나 눈물(라르므)이라고도 한다. 다리로 알코올도수의 강도, 글리세린의 양, 생산지 등도 추측할 수 있다. 흘러내리는 속도가 느리면 점성이 강하고 빠르면 점성이 약한 와인이다. **점성이 강한 와인은 알코올과 글리세린의 양이 많은 것으로 판단한다.**

디스크는 여기를 주목!

디스크의 두께가 두꺼운 화이트 와인. 점성이 있으며 알코올과 글리세린의 양이 많을 가능성이 있다.

글라스를 바로 옆에서 봤을 때 표면 장력으로 볼록하게 솟아올라 있는 액체 표면의 두께, 또는 글라스와 맞닿은 면의 두께를 관찰한다. 볼록한 정도가 크고 두께가 두꺼우면 점성이 강하고 얇으면 점성이 약한 와인이다. 디스크를 통해 포도의 성숙도, 생산지, 품종 등을 추측할 수 있다. 또 글리세린의 양 때문에 **스위트한 와인의 디스크는 두꺼워**진다. 이 같은 사실로 미루어 **스위트한 와인인지 드라이한 와인인지도 판단할 수 있다.**

> 재미로 알아두는 짤막한 이야기
> 루이 14세에게 로마네 콩티는 약이었습니다. 매일 밤 한 스푼씩 마셨다고 해요.

외관 관찰하기
레드 와인의 색조

 품종별로 다른 농담과 색조를 확인한다

같은 레드 와인이라도 **'붉은색'의 정도는 와인마다 다르다.** 진한 색부터 연한 색, 검은 빛을 띤 붉은색부터 아주 밝은 붉은색까지 다양하다. 예외는 있으나 와인의 색조는 품종으로 어느 정도 결정된다. 예를 들면 어린 빈티지의 카베르네 소비뇽은 진한 보랏빛을 띤 강한 힘이 느껴지는 색조, 피노 누아는 연하고 밝은 붉은색이라고 할 수 있다. 우선 품종별로 어떤 경향을 띠는지 알아보자.

| 옅다 | 옅다 (오렌지빛을 띤다) | 조금 연하다 |

농도 — 옅다
표적 시트(→P.24)를 글라스 밑에 가까이 대고 비치는 정도로 농도를 확인한다.

색조

청자색
영 와인에서 볼 수 있는 색. 대표적인 품종으로는 카베르네 소비뇽이나 쉬라 등이 있다.

루비색
청자색보다 푸른빛이 연해지고 붉은빛은 더 강해진 듯하며 어린 느낌. 대표적인 품종으로는 피노 누아나 가메 등이 있다.

오렌지빛을 띤 붉은색
노란빛이 꽤 강한 오렌지색이라고도 할 수 있는 붉은색. 숙성이 진행되어 엣지(가장자리 부분)가 확실하게 나타난다.

※ 이 그림에서 등장하는 표현은 레드 와인의 색조에서 자주 사용되며 색상 그러데이션은 대략적인 기준이다.

레드 와인 본연의 색조와 숙성되면서 나타나는 변화를
확실하게 정리해 두자.

레드 와인의 색조

 숙성될수록 색소가 줄어든다

와인의 색은 숙성되면서 변한다. 영 와인은 농담과 색조의 차이는 있지만 청자색에서 살며시 보랏빛을 띤 붉은색이다. 숙성이 진행될수록 보라색에서 파란색의 색소가 점점 줄어든다. 아울러 **타닌과 색소가 서로 달**라붙어 앙금으로 가라앉기 때문에 색소의 총량이 줄어 색이 연해지면서 오렌지색에서 연한 갈색 톤으로 변하고 마지막에는 호박색으로 변한다.

| 조금 진하다 | 진하다 | 매우 진하다 |

→ 짙다

벽돌색
옅은 색조로 변한 적갈색. 품종이나 양조법에 따라 다르지만 숙성이 진행되었다고 판단할 수 있는 상태다.

가넷색
푸른빛이 더욱 줄어들고 산화된 듯한 갈색이 희미하게 느껴지는 붉은색. 적정 음용 시기를 맞은 카베르네 소비뇽이나 쉬라 등이 대표적이다.

갈색빛을 띤 붉은색
옅지만 노란빛이 꽤 강한 갈색. 상당 기간 숙성이 진행된 것으로 판단할 수 있다.

외관 관찰하기

화이트 와인의 색조

 다양성을 갖춘 화이트 와인의 색조

화이트 와인의 농담과 색조에는 레드 와인보다 더 많은 종류가 있다. 무색투명에 가까운 색, 초록빛을 띤 색, 연한 노란색, 진한 노란색, 금색 등 다양하다. 과피는 같이 침지시키지 않지만 영향은 받기 때문에 초록색 포도는 초록빛을 띤 색조, 그리(Gris)는 살빛을 띤 색조가 된다. 또 **온난한 기후와 토지에서 자란 포도를 사용하거나 나무통 숙성 과정을 거치면 색이 진해지는 등 여러 요소의 영향을 받아 다양한 색조가 만들어진다.**

옅다
(무색에 가깝다)

옅다

조금 연하다

농도

옅다
글라스의 중심부를 보면 쉽게 농도를 확인할 수 있다.

짙다

무색투명에 가까운 색
투명도가 높고 **점성**이 약한 와인 또는 영 와인이나 남쪽 생산지에서 양조된 와인에서 자주 볼 수 있다. 이 색조의 와인은 장기 숙성에는 적합하지 않으므로 빨리 음용하는 것이 좋다.

초록빛을 띤 색
영 와인에서 자주 볼 수 있으며 소비뇽 블랑이나 뮈스카데 등의 품종에도 나타나는 색조다. 비교적 보관 기간이 짧은 와인에서 많이 볼 수 있다.

연한 노란색
초록빛이 살짝 사라진 노란색. 비교적 영 와인이나 다소 온난한 기후에서 자란 포도에서 볼 수 있는 색조다.

※ 이 그림에서 등장하는 표현은 화이트 와인의 색조에서 자주 사용되며 색상 그러데이션은 대략적인 기준이다.

화이트 와인의 색조와 숙성되면서 나타나는 변화를
색상 그러데이션으로 살펴보자.

화이트 와인의 색조

숙성될수록 갈색에 가까워진다

화이트 와인도 레드 와인과 마찬가지로 숙성되면서 와인의 색이 변한다. 빈티지가 어린 화이트 와인은 초록빛을 띤 색조나 연한 노란색이 많고 숙성될수록 노란빛이 진해져 갈색에 가까워진다.

바로 당과 아미노 화합물의 반응인 **메일라아드 반응** 때문이다. 무색 물질끼리 반응하는 것이므로 색의 변화는 본래의 색 농도와 직접적인 관련이 없다.

조금 진하다	진하다	매우 진하다

→ 짙다

진한 노란색
초록빛은 모두 사라지고 확실하게 노란색을 나타내는 색조. 기후가 온난한 생산지에서 자란 포도 또는 나무통 숙성을 거친 와인에서 볼 수 있다.

금빛을 띤 노란색
완숙 상태의 포도를 사용한 와인, 나무통 발효와 숙성을 거친 와인, 숙성이 진행되어 적정 음용 시기를 맞은 와인 등 비교적 고급 와인에서 나타나며 장기 숙성도 기대할 수 있다.

갈색
색조가 짙으며 상당 기간 숙성이 진행된 와인에서 나타난다. 올로로소 셰리나 귀부 와인 등에서 볼 수 있는 색조다.

외관 관찰하기
외관을 형성하는 요소

 생산지의 남북 입지를 기준으로 삼는다

레드 와인과 화이트 와인의 외관을 형성하는 요소로는 **생산지의 남북 입지, 일조량, 기온, 과실 수확 시기**를 들 수 있다. 다음 페이지의 그림을 보자.

생산지의 **남북 입지**는 포도의 생산지가 따뜻한 남쪽 지역인지 서늘한 북쪽 지역인지를 나타내는 표현이다. 남쪽 생산지는 일조량이 많고 기온이 높다. 반대로 북쪽 생산지는 일조량이 적고 기온이 낮은 환경적 특징이 있다. 포도의 과실은 일조량이 많고 기온이 높으면 과피에 색깔이 나타난다. **과피의 색이 진하면 짙은 색조의 점도 높은 와인**이 된다. 반대로 일조량이 적고 기온이 낮으면 **옅은 색조의 점도 낮은 와인**이 되는 것이다. 이러한 차이를 **생산지의 특성**이라고 한다.

또 다른 중요한 요소는 과실의 수확 시기다. 과실이 가지에 매달려 있는 시간인 **행타임(Hangtime)**을 늘리거나 줄이면서 수확 시기를 선택해 색이나 숙성도를 조절할 수 있다. 단 고위도 생산지에서는 늦가을에 일조 시간이 짧아지거나 추위로 포도의 활동이 제한되어 행타임을 길게 늘리지 못할 때도 있다.

 과피의 색, 두께, 과립의 크기가 색을 결정한다

와인의 색은 포도의 영향을 많이 받는데 **화이트 와인은 과피의 색, 레드 와인은 과피의 색뿐 아니라 과립의 크기나 과피의 두께**와도 관련이 있다.

일반적으로 화이트 와인은 과피를 함께 침출하는 **마세라시옹(→P.180)**은 하지 않지만 과즙을 짤 때 과피의 색이 살짝 배어 나오므로 화이트 와인의 **색조도 과피의 색이 바탕**이 된다. 초록색 계열의 과피라면 살짝 초록빛을 띤 색, 숙성되어 노래진 과피라면 진한 노란색을 띤다. 회색빛을 띤 색조의 그리로 분류되는 포도가 완전히 숙성되면 와인은 희미한 살빛이 되고 색이 진한 과피의 포도는 핑크빛을 띤 색조의 화이트 와인이 되기도 한다.

흑포도는 색소의 절대량이나 구성과 함께 과립의 크기와 과피의 두께도 크게 영향을 미친다. 동그란 포도알의 표면적은 반지름의 2승에 비례하고 부피는 3승에 비례한다. 따라서 포도의 반지름이 2배가 되면 표면적은 4배, 부피는 8배가 된다. **알이 크면 과피의 표면적에 비해 액체가 되는 부피가 커지므로 색이 연하고 향이 약한 와인**. 반대로 **알이 작으면 색이 진하고 향이 강한 와인**이 된다. 또 과피가 두껍고 색소가 많으면 더욱 진한 색의 와인이 된다.

외관을 관찰하는 포인트를 이해했다면
다음으로 외관을 형성하는 요소에는 어떤 것들이 있는지 살펴보자.

외관을 형성하는 생산지 특성과 수확 시기

레드 와인과 화이트 와인의 외관은 각각 생산지의 남북 입지에 비례하고 환경적인 영향을 받는다.

북쪽 생산지는 서늘하고 남쪽 생산지는 따뜻하다. 이러한 차이를 기준으로 요소를 고려한다.

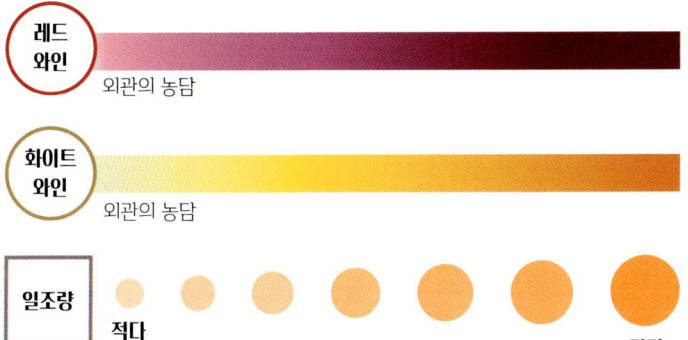

일조량이 적으면 색이 연하고 점도 약한 와인, 일조량이 많으면 색이 진하고 점도 높은 와인이 된다.

기온이 낮으면 색이 연하고 점도 약한 와인, 기온이 높으면 색이 진하고 점도 강한 와인이 된다.

행타임을 짧게 줄여 산도를 보존하거나 길게 늘려 타닌의 숙성을 유지한다. 행타임이 길수록 색소의 양도 많아진다.

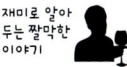 보졸레 누보에는 파란색 색소가 많아 천에 쏟았다가 마르면 파랗게 물듭니다.

외관 관찰하기

외관과 시간의 관계

 레드 와인의 폴리페놀은 숙성 속도를 늦춘다

시간이 지나면서 나타나는 레드 와인의 변화는 **품종의 색소량**과 관련이 있다. 시간 축이 같은 품종 중에서 색소량이 많은 카베르네 소비뇽과 색소량이 적은 피노 누아 와인을 비교하면 카베르네 소비뇽은 색의 변화가 늦고 피노 누아는 색이 빠르게 변한다는 것을 알 수 있다. 그 이유는 색소 성분인 **폴리페놀** 자체가 항산화 물질이므로 색소량이 많으면 숙성 속도가 늦춰지기 때문이다. 단 카베르네 소비뇽과 피노 누아는 50년 이상의 장기 숙성 와인이 되면 신기하게도 같은 색조로 변한다.

 색을 구성하는 요소가 많으면 변화도 커진다

화이트 와인은 시간이 지나면서 나타나는 색의 변화에 **나무통 숙성 여부**가 영향을 미친다. 나무통에서 숙성되지 않은 초록빛을 띤 와인과 나무통에서 숙성 중인 금색을 띤 와인을 예로 들어보자. 앞의 와인은 스테인리스 탱크에서 발효와 저장 과정을 거치므로 산소와 접촉할 일이 거의 없다. 하지만 나무통에는 약간의 산소가 공급된다. 특히 긴 막대기로 통 바닥에 가라앉은 효모 찌꺼기를 저어주는 **바토나주(Batonnage)**는 뚜껑을 열어 휘저으므로 다량의 산소가 유입된다. 그만큼 나무통에서 숙성된 와인의 변화 속도가 빠른 것이다.

와인의 숙성 단계별 색 변화

색소량이 적은 레드 와인	연하고 어린 유형
색소량이 많은 레드 와인	색이 진한 유형
나무통에서 숙성된 화이트 와인	금색을 띤 유형
나무통에서 숙성되지 않은 화이트 와인	투명(깨끗한)한 유형
나무통에서 숙성되지 않은 화이트 와인	초록빛을 띤 유형

어린 상태

위 그림은 오른쪽으로 갈수록 시간이 경과하는 것을 나타내며 각각의 색이 어떻게 변화하는지 알 수 있다. 어린 상태일 때는 밝은 색조를 띠지만 점차 진해지고 색도 변한다.

시간이 지나면서 달라지는 변화 속도에는
어떤 요인이 영향을 미치는지 살펴보자.

| 안정된 상태 | 숙성된 상태 | 산화된 상태 | 시간 경과 → |

[테이스팅 용어]

어린	조금 숙성된	산화 숙성된 뉘앙스
가벼운	숙성도가 높은	산화가 진행된
숙성된	응축감이 있는	완전히 산화된
잘 익은	산화된	안정된

45

외관 정보 정리하기

 화이트 와인은 생산지의 남북 입지나 숙성도를 알 수 있다

그럼 지금부터는 외관을 관찰하며 얻은 정보를 토대로 어떤 유형의 와인인지 살펴보자.

이때도 먼저 생산지의 **남북 입지**를 의식한다. 이것을 기준축으로 삼고 색의 농담, 색조, **점성, 투명도**를 관찰하면서 모은 정보를 정리하면 와인의 배경이 보이기 시작한다. 다음 페이지에서 두 종류의 화이트 와인을 비교해 보자.

[A의 외관에서 느낀 점]
색조는 조금 옅고 초록빛이 많이 드러난다. **디스크**는 얇고 **다리**는 있지만 그리 또렷하지는 않다.

[B의 외관에서 느낀 점]
색조는 중간 정도에서 조금 짙은 편이고 노란색에 금색 색조가 섞여 있다. 디스크는 두꺼우며 다리도 선명하게 나타난다.

색이 연한 **A는 냉량한 지역**, 조금 진한 **B는 온난한 지역**에서 만들어졌고 **나무통 숙성** 여부를 살펴보면 **A는 나무통에서 숙성되지 않았거나 가볍게 숙성**되었으며 **B는 나무통에서 숙성**되었다고 추정할 수 있다.

자신의 느낀 점과 사실이 맞는지 확인하는 것이 중요하다. 테크니컬 시트(→P.27)와 같은 정보가 있다면 이때의 느낀 점과 비교해도 좋다.

 레드 와인은 숙성도와 품종을 알 수 있다

화이트 와인은 외관 관찰만으로는 품종까지 추정하기란 불가능했다. 하지만 **레드 와인은 품종을 어느 정도 예측할 수 있다**. 다음 페이지에서 두 종류의 레드 와인을 비교해 보자.

[C의 외관에서 느낀 점]
색조는 짙은 편이고 어두운 가넷색의 느낌. 디스크는 두께감이 있고 다리도 확실히 드러난다.

[D의 외관에서 느낀 점]
색조는 중간 정도보다는 많이 옅은 루비색. 보랏빛이 살짝 포함된 오렌지색 톤이 섞여 있다. 투명하고 맑으며 다리가 확실히 드러난다.

분명하게 다른 색의 농도다. C는 확실히 진하고 D는 색이 연하다. C는 색이 진해지는 품종으로 카베르네 소비뇽이나 쉬라를 예로 들 수 있고 D는 색이 쉽게 진해지지 않는 품종인 피노 누아나 가메 등을 후보로 꼽을 수 있다(품종의 색은 Part 5를 참조).

이처럼 외관의 정보로 와인의 유형이나 품종을 추정하는 것이 가능하다. 외관을 잘 살펴보면서 정보를 기록해두자.

다양한 정보를 모았다면 어떤 유형의 와인인지
확인할 수 있도록 정보를 정리해 보자.

외관 정보 정리하기

화이트 와인의 외관 정보

A

〈외관 정보〉

색조	색은 조금 옅다. 초록빛이 많이 드러난다.
투명도	깨끗하고 빛나는 듯하다.
다리/점성	디스크는 조금 얇은 편. 다리는 보이지만 그리 또렷하지는 않다.
어떤 와인?	서늘한 지역에서 만들어졌으며 영 와인으로 추정된다.

B

〈외관 정보〉

색조	색은 중간 정도에서 조금 짙은 편. 주로 노란색을 띠지만 금색 색조가 섞여 있다.
투명도	깨끗함.
다리/점성	디스크는 두꺼운 편. 다리는 선명하게 나타난다.
어떤 와인?	따뜻한 지역에서 만들어졌으며 나무통 숙성을 거친 것으로 추정된다.

레드 와인의 외관 정보

C

〈외관 정보〉

색조	상당히 짙은 편. 어두운 가넷색의 느낌. 글라스를 기울여 뒤를 비췄을 때 중심부로 글자가 보이지 않는다.
투명도	불투명할 정도로 진하다.
다리/점성	디스크는 두께감이 있고 다리도 확실히 드러난다.
어떤 와인?	카베르네 소비뇽이나 쉬라로 추정된다.

D

〈외관 정보〉

색조	중간 정도보다 많이 옅은 루비색. 글라스를 기울여 뒤를 비췄을 때 중심부로도 글자가 확실하게 보인다.
투명도	맑다.
다리/점성	다리는 비교적 확실히 드러난다. 디스크는 중간 정도.
어떤 와인?	영 와인으로 피노 누아나 가메로 추정된다.

각 와인의 정답
A: 카리아 샤르도네 / 스택스 립 와인 셀라
B: 카테나 샤르도네 / 카테나
C: 샤토 라그랑쥐(카베르네 소비뇽) / 샤토 라그랑쥐
D: 본 그레브 비뉴 드 랑팡 제쥐 / 도멘 부샤르 페르 에 피스(피노 누아)

외관 관찰하기

외관 표현 공식

관찰해야 할 항목을 공식으로 만들어 순서를 루틴화하자.

농담 + 색조 + 기타 요소 로 표현한다

- 얼마나 진한가? 얼마나 연한가?
- 감도는 빛깔, 색이름 등
- 점성, 투명도 등

표현 예

색은 연하다. 확연한 핑크색 색조가 섞여 있어 살빛이 느껴진다. 깨끗하고 빛나는 듯한 투명도. 디스크는 얇은 편이고 다리도 또렷하지 않다.
그레이스 그리 드 코슈
/ 주오포도주 그레이스 와인(코슈)

색은 중간 정도에서 조금 짙은 편이다. 노란색이 주를 이루지만 금색 색조와 초록빛도 조금 섞여 있다. 깨끗하고 디스크는 두꺼운 편이다. 다리는 선명하게 나타난다.
R 드 리외세크 / 샤토 리외세크(세미용)

색은 상당히 진하고 오렌지빛이 많이 섞인 가넷색. 보라색 색조도 약간 있다. 다리는 확실하게 드러나고 디스크는 두껍다.
마티유 코스 솔리스 / 도멘 코스 메종뇌브(말벡)

상당히 밝은 루비색을 띠고 있다. 맑고 광채가 있으며 다리는 그다지 드러나지 않는다.
게오르그 브로이어 슈페트부르군더 루즈
/ 게오르그 브로이어(피노 누아)

외관에 관한 Q&A

Q 테이스팅할 수 있는 와인이 하나밖에 없을 때는 어떤 색인지 판단하기 어려워요. 이럴 때는 어떻게 해야 하나요?

A Part 5에 수록된 다양한 와인 사진을 비교하면서 색의 표현을 확인해 보세요.
사진과 비교할 때는 실제 와인을 촬영할 때와 같은 조건으로 맞춰야 한다는 점에 주의해야 합니다. 밝은 방에서 하얀 종이 위에 글라스를 비추면서 비교하는 것이 포인트지요.

Q 외관으로 와인의 상태를 알 수 있나요?

A 어느 정도는 알 수 있습니다.
이를테면 화이트 와인의 산화와 열화는 칙칙하고 가라앉은 것처럼, 눈으로 보기에도 생기 없는 외관처럼 느껴집니다. 열화의 변화가 크지 않다면 그 와인을 최상의 상태로 보관했을 때 어떤 색을 띠는지 정확히 알아야만 판단할 수 있습니다. 더욱이 부쇼네(Bouchonne, 와인 코르크에 곰팡이가 생겨 와인의 맛이 변질되는 것-역자 주)는 외관에 아무런 영향을 미치지 않기 때문에 판단하기 어렵습니다.

Q 색감, 농담의 변화 속도가 달라지기도 하나요?

A 그렇습니다. 아주 오래된 와인은 마개를 열면 급속도로 변합니다.
예전에 부르고뉴 레스토랑에서 50년 이상 지난 빈티지 와인을 열었을 때 있던 일입니다. 와인을 글라스에 따른 직후에는 오렌지 톤이 강하면서도 여전히 붉은빛이 선명하게 감도는 색을 띤 것이 1시간 30분쯤 지나니 붉은빛이 완전히 사라지고 회색으로 바뀌어 있었습니다. 정말 놀라웠지요.

Q 레드 와인의 광채와 투명감을 구분하는 방법이 있을까요?

A 색이 아주 진한 레드 와인은 광채를 확인하기 어렵습니다.
색이 연한 레드 와인이라면 투명감이 있고 탁하거나 칙칙하지 않은 와인일 때 더 빛나 보입니다.

Column 3

블라인드 테이스팅이란?

브랜드나 품종 등 와인의 정보를 숨긴 상태에서 테이스팅하는 것을 블라인드 테이스팅이라고 합니다.

2013년 도쿄에서 개최된 소믈리에 콩쿠르 세계 대회를 비롯해 많은 콩쿠르에서 블라인드 테이스팅이 진행되어 소믈리에들이 실력을 겨루고 있습니다. TV에도 방영되었던 2013년 세계 대회의 블라인드 테이스팅 결승전에서는 아무도 맞추지 못한 어려운 문제도 출제되었습니다. 그 난제의 정답은 '인도산 슈냉 블랑 화이트 와인'이었지요. 소믈리에 세계 챔피언을 가리는 콩쿠르인 만큼 어려운 문제가 출제되는 것은 당연한 일이지만 최고의 소믈리에들에게도 블라인드 테이스팅이 얼마나 어려운지 다시금 깨닫게 한 대회가 아닐까 싶습니다.

일반적인 자리에서도 블라인드 테이스팅을 하면서 이제껏 마셔본 적 없는 와인을 '우연히' 맞히며 기뻐하는 사람들을 보게 됩니다. 안타깝지만 그것은 어디까지나 우연일 뿐 특별한 의미는 없습니다. 정답을 맞혔다는 사실에 일희일비하기 쉬운 것이 블라인드 테이스팅입니다. 또 지나치게 깊이 생각하면 오히려 잘못된 추측으로 빠질 수 있습니다. 특히 자격시험은 테이스팅 능력의 기초 지식을 평가받는 기회인 만큼 불확실한 추측보다는 이제껏 축적해온 데이터를 바르게 해석해서 정답을 찾아내는 것이 중요합니다. 일상적으로 테이스팅할 때도 블라인드 테이스팅에 먼저 도전하기보다는 정확한 데이터를 바탕으로 테이스팅 경험을 쌓아나가면서 정보를 잘 정리하고 보관하다 보면 우연이 아니라 필연적으로 정답을
맞히게 될 것입니다.

Part3
향 감지하기

와인에는 다양한 향이 있다.
그렇다면 향은 어떻게 만들어지는 것일까?
이제부터는 향의 유래를 살펴보도록 하자.

향 감지하는 방법

 첫 번째 향으로는 인상, 두 번째 향으로는 요소를 찾는다

이제부터는 테이스팅 두 번째 단계다. 향을 감지하는 방법을 확인하자.

처음에는 글라스를 흔들지 말고 차분하게 **첫 번째 향**을 맡는다. 우선 **천천히 1초간** 유지한다. 처음부터 향을 너무 오래 맡으면 향에 익숙해지기 때문에 점차 향을 느끼기 어려워진다. 처음에는 짧게 맡아 **향의 양(볼륨)**과 **첫인상**을 확인한다. 어떠한가? 외관으로 연상한 이미지와 향의 패턴이 일치하는가?

그다음 한 차례 **스월링**한 후 **두 번째 향**을 맡는다. 스월링은 글라스를 2~3회 돌려 안에 담긴 와인과 공기를 만나게 하고 표면적을 늘려 **향을 더 풍부하게 끌어내는 효과**가 있다. 두 번째 향은 3~4초간 맡는다.

첫 번째로 맡은 차분한 상태에서 자연스레 올라오는 향은 가장 휘발성이 강한 향이다.

두 번째 향은 스월링으로 끌어내는 향이다. 첫 번째 향에서는 드러나지 않는 분자량이 많은 무거운 향이나 **글라스에 살짝 묻은 액체가 산소와 만나** 변화하면서 만들어진 새로운 향이 나타난다. 이 같은 과정을 통해 느낀 향을 표현하기 위한 구체적인 요소를 살펴보도록 하자.

 코의 특징을 알고 자신만의 방법을 정한다

향을 맡을 때도 따르는 와인의 양을 일정하게 맞추고 외관을 관찰할 때와 마찬가지로 **항상 같은 조건이나 방법으로 진행**하는 것이 중요하다. 우선 향을 맡는 도구인 자신의 코가 가진 특징과 습관을 알아야 한다. 사람마다 얼굴이 모두 다르듯 **비강(코안)의 모양도 다 다르다.** 따라서 향을 감지하는 방법도 저마다 다르다. 어떤 특징과 습관이 있는지 다음의 포인트를 의식하면서 향을 맡아보자.

- 오른쪽 코로 들이마시는가, 왼쪽 코로 들이마시는가, 아니면 양쪽 코로 들이마시는가
- 힘껏 들이마시는가, 천천히 들이마시는가
- 킁킁거리며 조금씩 들이마시는가, 크게 들이마시는가

자신이 향을 가장 잘 느낄 수 있는 방법, 세기와 힘, 들이마시는 횟수 등을 테이스팅할 때마다 확인해 둔다. 그러다 자신만의 특징과 습관, 마음 편한 자세가 파악되면 루틴화한다.

향 감지 방법을 루틴화하면 안정적이고 균일한 데이터를 수집할 수 있다. 예를 들면 향의 양이 아주 적은 와인을 테이스팅할 때도 자신의 코가 이상하다고 생각하지 않고 당당하게 향의 볼륨이 적은 와인이라고 판단할 수 있게 된다.

항상 일정한 방법으로 향을 감지할 수 있도록
자신만의 기본 방법을 찾아보자

향 감지 순서

1 천천히 1초간 향을 맡는다

처음 향을 맡을 때는 우선 코를 천천히 글라스 가까이 가져간다. 이때 향을 오래 맡으면 안 된다는 점에 주의해야 한다. 지나치게 킁킁거리면서 들이마시면 코의 감각이 마비되므로 아무리 길어도 2~3초, 익숙해지면 **천천히 1초** 정도가 적당하다.

2 스월링한다

글라스 안에 담긴 액체를 돌리는 행위를 스월링이라고 한다. 글라스를 오른손에 든다면 반시계방향으로 돌린다. **회전 횟수는 2~3회**가 일반적이다. 와인이 공기와 만나 표면적을 늘리고 글라스에 묻은 액체가 변화하면서 향을 더 끌어낸다.

3 향을 자세히 맡는다

두 번째 향은 첫 번째 향보다 조금 더 시간을 들여서 맡는다. 최고의 소믈리에가 맡는 시간은 **2~3초**. 일반적으로도 그 정도가 적당하다. 56페이지에서부터 소개하는 **이미지 팔레트**를 활용해 향의 종류를 상상하면서 향의 요소를 찾아 나간다.

향이 주는 인상

향 감지하는 방법

 다양한 향의 요소가 모여 만들어지는 인상을 힌트 삼아 향을 표현한다

지금부터는 향을 능숙하게 표현하는 요령을 알아가 보도록 하자. 중요한 힌트는 56페이지 이후로 소개할 이미지 팔레트에 있다. **이미지 팔레트**는 향을 표현하는 데 필요한 용어를 유형별로 정리해 하나의 사진으로 묶은 것이다.

레드 와인과 화이트 와인이 각각 연한 느낌, 진한 느낌, 어린 느낌, 노쇠한 느낌으로 분류되어 있다. 이미지 팔레트를 비교해 보면 레드 와인은 **붉은색의 배분과 톤의 차이**, 화이트 와인은 하양, 초록, 노랑의 색 배분과 전체적인 톤의 차이가 느껴질 것이다.

이처럼 다양한 향의 요소가 모여 와인의 인상을 만든다. 이미지 팔레트를 활용하면 그 안에 속한 요소를 그대로 용어로 표현할 수 있게 된다.

우선 이미지 팔레트를 여러 번 보면서 확실하게 머릿속에 새겨두자. 향을 맡았을 때 한 가지 패턴이라도 불현듯 머릿속에 떠오른다면 성공한 것이다. 그다음부터는 사진 속에 나열된 요소들을 하나씩 생각하면서 향 속에서 그 요소들이 느껴지는지 찾아 나가면 된다.

 나열된 순서대로 기억해 두고 효율적으로 향의 요소를 찾는다

이미지 팔레트에서 향의 요소를 찾는 요령이 있다. 이미지 팔레트에는 중앙에서부터 반시계방향의 소용돌이 모양으로 향을 이루는 요소의 종류가 나열되어 있다. 레드 와인이나 화이트 와인 모두 기본적으로 **과일 ⇒ 꽃 ⇒ 식물 ⇒ 향신료나 허브 계열** 순서로 구성되어 있다. **레드 와인에는 중간에 초콜릿이나 동물 계열**의 요소가 포함되고 **화이트 와인에는 향신료나 허브 다음 채소나 건과일**이 이어진다.

이처럼 종류 순서대로 요소를 찾아 나가는 것이 요령이다. 향을 맡았을 때 떠오르는 이미지가 있더라도 여러 요소 사이에서 갈팡질팡 고민하기만 해서는 표현 용어가 생각처럼 쉽게 떠오르지 않는다. 익숙해질 때까지는 이 순서를 의식하고 루틴화해 나가자. 종류의 연동성이 머릿속에 확실하게 각인되면 용어를 더 쉽게 찾을 수 있고 느낀 점을 술술 표현할 수 있게 될 것이다. 간혹 와인에 따라서는 강한 향 때문에 다른 요소를 파악하지 못하고 그냥 지나칠 때도 있다. 하지만 이 순서대로 하다 보면 그러한 실수도 막을 수 있다. 이 책에서 소개할 수 있는 이미지 패턴은 한정적이다. 시간이 지나 익숙해지면 자신만의 이미지 팔레트 만들기에도 도전해 보기를 바란다.

이미지 팔레트를 활용해 향으로 알 수 있는
대략적인 특성을 파악해 보자.

향을 찾는 사고 회로

① 향의 첫인상을 파악한다
향의 양(볼륨)을 느끼고 대략적으로 어떤 향이 풍기는지 첫인상을 파악한다.

② 가장 강하게 느껴지는 요소를 찾는다
①에서 가장 강하게 느낀 향을 이미지화하고 이미지 팔레트를 머릿속에 떠올려 어떤 와인인지 상상한다.

③ 그밖에 다른 향의 요소를 찾는다
실제 향과 이미지 팔레트에 있는 요소를 하나하나 비교한다. 이미지 팔레트 중앙에서부터 반시계반향의 소용돌이 모양으로 맞춰나간다.

비교 향으로 연상한 와인과 실제 결과가 일치하지 않는다면 ②로 돌아가 범위를 넓혀 향의 요소를 다시 찾는다.

비교
○ 일치
× 불일치 ⇒ ②로 돌아간다

재미로 알아두는 짤막한 이야기
결혼식과 같은 파티에서 주로 사용되는 스파클링 와인용 쿠프 글라스(Coupe glass, 입구가 넓은 잔-역자 주)는 마리 앙투아네트의 왼쪽 가슴을 본떠 만든 것이라고 합니다.

레드 와인

| 연한 느낌의 이미지 팔레트

선명한 붉은색 계열 과실과 연한 핑크색 꽃의 이미지가 중심을 이룬다. 초록빛은 전체를 힘 있게 아우른다. 가련하고 섬세한 이미지가 시원한 북쪽 생산지를 연상하게 한다.

레 드 와 인

① 프랑부아즈(라즈베리)
② 딸기
③ 레드 커런트
④ 석류
⑤ 자두
⑥ 아메리칸 체리
⑦ 앵두
⑧ 블루베리
⑨ 딸기맛 사탕
⑩ 풀고사리
⑪ 분홍 장미
⑫ 분홍 백합
⑬ 빨간 장미
⑭ 아이리스
⑮ 블랙 커런트(카시스) 새순
⑯ 서양 삼나무
⑰ 민트
⑱ 타임(백리향)
⑲ 딜(시라)
⑳ 나무통 조각

레드 와인 | 진한 느낌의 이미지 팔레트

향 감지하는 방법

화려한 꽃들, 검은 과실에 잼이나 초콜릿, 말린 고기 등 전체적으로 농후한 이미지.
따뜻한 남쪽 생산지와 무르익은 포도도 머릿속에 떠오른다.

Part 3

레드 와인

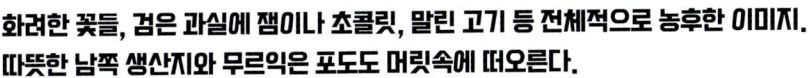

① 블루베리
② 블랙 커런트
③ 블랙베리
④ 블랙 체리
⑤ 잼
⑥ 살짝 가열한 베리
⑦ 럼 레이즌(럼주에 절인 건포도)
⑧ 프룬(말린 서양자두)
⑨ 말린 무화과
⑩ 유칼립투스
⑪ 풀고사리
⑫ 블랙 커런트 새순
⑬ 빨간 장미
⑭ 진홍색보다 더 진한 색 장미
⑮ 아이리스
⑯ 작약
⑰ 드라이플라워
⑱ 서양 삼나무
⑲ 클로브(정향)
⑳ 흑후추   ㉑ 민트
㉒ 타임   ㉓ 홍차
㉔ 커피콩   ㉕ 버섯
㉖ 초콜릿   ㉗ 말린 고기
㉘ 생고기   ㉙ 바닐라
㉚ 시가(엽궐련)
㉛ 유피(무두질한 가죽)
㉜ 수부아(Sous Bois, 나무 아래의 풀과 흙)
㉝ 부엽토
㉞ 나무통 조각

59

 향 감지하는 방법

레드 와인

| 어린 느낌의 이미지 팔레트

선명한 붉은색이 어리고 생동감 있는 느낌을 주고 그중에서도 특히 검은 계열 과실이나 잼, 유피, 고기가 눈길을 끈다. 모든 레드 와인에 반드시 존재하는 단계다.

레드 와인

① 프랑부아즈
② 딸기
③ 레드 커런트
④ 석류
⑤ 앵두
⑥ 아메리칸 체리
⑦ 블루베리
⑧ 블랙베리
⑨ 블랙 커런트
⑩ 블랙 체리
⑪ 잼
⑫ 살짝 가열한 베리
⑬ 딸기맛 사탕
⑭ 서양 삼나무
⑮ 풀고사리
⑯ 아이리스
⑰ 빨간 장미
⑱ 분홍 백합
⑲ 분홍 작약
⑳ 블랙 커런트 새순
㉑ 민트
㉒ 타임
㉓ 딜
㉔ 클로브
㉕ 흑후추
㉖ 바닐라
㉗ 생고기
㉘ 유피
㉙ 나무통 조각

향 감지하는 방법

레드 와인

| 노쇠한 느낌의 이미지 팔레트

전체적으로 갈색을 띤 이미지가 연상되며 상당한 세월이 흐른 듯한 느낌이다.
많은 요소가 나열된 모습은 복잡성을 예감하게 한다.

①블루베리
②블랙 커런트
③블랙베리
④블랙 체리
⑤럼 레이즌
⑥말린 무화과
⑦클로브
⑧흑후추
⑨서양 삼나무
⑩시든 장미
⑪드라이플라워
⑫타임
⑬버섯
⑭검은 송로버섯(트뤼프)
⑮커피콩
⑯홍차
⑰말린 고기
⑱초콜릿
⑲시가
⑳셰리 와인
㉑마데이라 와인
㉒코냑
㉓수부아
㉔유피
㉕부엽토
㉖나무통 조각

화이트 와인 | 연한 느낌의 이미지 팔레트

감귤 계열 과실이나 전체를 지배하는 초록빛의 요소가 청량한 이미지를 연상하게 한다. 살며시 떠오르는 하얀색 꽃과 솜사탕으로 은은한 단맛이 느껴지는 듯하다.

화이트 와인

① 레몬
② 라임
③ 자몽(그레이프프루트)
④ 푸른 사과(풋사과)
⑤ 백도
⑥ 머스캣
⑦ 모과
⑧ 솜사탕
⑨ 풀고사리
⑩ 안개꽃
⑪ 블랙 커런트 새순
⑫ 펜넬(회향)
⑬ 화이트 아스파라거스
⑭ 그린 아스파라거스
⑮ 파
⑯ 타임
⑰ 딜
⑱ 하얀 식빵
⑲ 어린 보릿짚
⑳ 킴메리지앙 토양의 돌
㉑ 처트(각암)

화이트 와인 | 진한 느낌의 이미지 팔레트

전체적으로 노란빛과 짙은 느낌이 더해진 색조. 색이 진한 과일이나 벌꿀, 비스킷 등 화려한 향과 달콤한 향이 온난한 기후를 연상하게 한다.

화이트 와인

① 파인애플
② 망고
③ 붉은 사과
④ 서양배
⑤ 살구(애프리코트)
⑥ 패션프루트
⑦ 시럽에 조린 황도
⑧ 리치
⑨ 벌꿀
⑩ 하얀 장미
⑪ 노란색 꽃
⑫ 건포도
⑬ 말린 무화과
⑭ 바닐라
⑮ 호두
⑯ 구운 아몬드
⑰ 비스킷
⑱ 살짝 그을린 식빵
⑲ 팽 데피스
⑳ 버터
㉑ 나무통 조각

화이트 와인 | 어린 느낌의 이미지 팔레트

감귤 계열의 노란색과 초록빛을 중심으로 한 산뜻하고 신선한 이미지 속에서 리치나 복숭아 등의 달콤하고 풍부한 과실미, 두께감과 깊이가 있는 맛이 느껴진다.

Part 3 화이트 와인

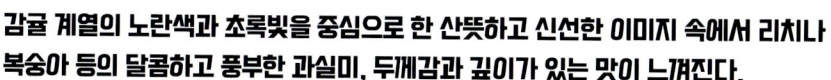

① 자몽
② 레몬
③ 라임
④ 모과
⑤ 푸른 사과
⑥ 망고
⑦ 백도
⑧ 머스캣
⑨ 리치
⑩ 솜사탕
⑪ 안개꽃
⑫ 백합
⑬ 사랑스럽고 하얀 꽃
⑭ 블랙 커런트 새순
⑮ 펜넬
⑯ 파
⑰ 그린 아스파라거스
⑱ 화이트 아스파라거스
⑲ 꽈리고추
⑳ 타임
㉑ 딜
㉒ 민트
㉓ 카피르 라임 잎(신선한 것)
㉔ 어린 보릿짚
㉕ 김메리지앙 토양의 돌
㉖ 처트

화이트 와인 | 노쇠한 느낌의 이미지 팔레트

향 감지하는 방법

같은 화이트라도 화려함이 느껴지는 하얀 장미, 노란빛이 한층 더 진해진 과일, 버섯류와 견과류, 셰리 와인이나 발효 식품 등 색조가 확연히 진해지고 숙성감이 감돈다.

Part .3 화이트 와인

① 파인애플
② 망고
③ 서양배
④ 살구
⑤ 패션프루트
⑥ 시럽에 조린 황도
⑦ 리치
⑧ 건포도
⑨ 벌꿀
⑩ 하얀 장미
⑪ 사랑스럽고 하얀 꽃
⑫ 펜넬
⑬ 버섯
⑭ 하얀 송로버섯
⑮ 헤이즐넛
⑯ 호두
⑰ 커피콩
⑱ 딜
⑲ 타임
⑳ 카피르 라임 잎(말린 것)
㉑ 월계수 잎(로리에, 말린 것)
㉒ 바닐라
㉓ 버터
㉔ 흰곰팡이 치즈
㉕ 팽 그릴(구운 빵)
㉖ 팽 데피스
㉗ 셰리 와인
㉘ 증유
㉙ 킴메리지앙 토양의 돌
㉚ 처트
㉛ 구리(동전)
㉜ 나무통 재료

향 표현하기

향 감지하는 방법

 와인을 표현하는 데 필요한 향의 유래를 찾는다

향을 테이스팅할 때 한 가지 중요한 점은 그 **향이 무엇에서 유래되어 만들어지는지 판단하는 것**이다.

와인에서 퍼져나오는 향의 유래는 크게 3가지로 분류할 수 있다. 본래 **포도가 자체적**으로 지니고 있던 것으로 와인으로 만들어진 후에도 고스란히 드러나는 향, **발효 및 양조 과정에서 사용되는 기술**(양조 기술)로 만들어지는 향, **숙성**으로 만들어지는 향이다. 각각 **1차 아로마, 2차 아로마, 3차 아로마(부케)**로 분류한다.

감지한 향이 어느 단계에 속한 향인지, 무엇에서 유래된 것인지를 이해하면 **품종특성이나 양조법, 숙성 기간, 와인 생산지** 등을 추측할 수 있다. 이러한 정보를 종합해서 테이스팅 의견을 작성해 보자.

단 주의가 필요한 향의 요소도 있다. 이를테면 프랑스 코트 뒤 론 지방의 와인에 사용되는 쉬라에서는 1차 아로마로 스파이시한 향이 느껴진다. 하지만 나무통 숙성을 거친 와인에서도 스파이시한 향이 느껴지기도 하므로 이 향은 3차 아로마로 분류된다. 클로브나 육두구 등 **같은 단어라도 향의 유래가 다르다는 점을 기억해 두도록 하자.**

 아로마 휠을 활용해 다각도로 와인을 이해한다

또 향의 요소를 찾아 느낀 점을 더 자세히 기록하기 위해서는 한 가지 더 아로마 휠(→P.74)을 활용할 수 있다. **이미지 팔레트**가 인상별로 향의 요소를 그림으로 정리한 것이라면 아로마 휠은 **언어를 이용해 모든 향의 요소를 원형 그림으로 정리**한 것이다. 원의 중심부 주변에는 향의 종류가 대분류로 정리되어 있다. 이 종류는 이미지 팔레트 향의 종류와 같은 것이다. 바로 옆 바깥쪽에는 중분류로 종류를 더 세세하게 분류했고 가장 바깥쪽에는 구체적인 향의 요소가 공통 언어의 표현으로 나열되어 있다.

아로마 휠로 여러 종류의 **공통 언어**를 한눈에 확인할 수 있으며 **폭넓은 선택지 내에서 공통 언어를 찾을 수 있다**.

아로마 휠의 또 다른 활용 방법은 **와인의 향을 계통을 세워 표현**하는 것이다. 예를 들면 꽃 종류에 속한 요소가 많이 느껴지면 '플로럴한 향에 지배받고 있다'고 표현한다.

향의 표현은 다면적이고 매우 어렵다. 테이스팅 의견을 작성할 때 이미지 팔레트나 아로마 휠을 적극적으로 활용해 보자.

향의 요소를 정리하고 적절히 분류해
체계적으로 의견을 작성할 수 있도록 준비하자.

아로마 분류

●1차 아로마

포도 자체가 가진 향을 1차 아로마라고 한다. 단 모든 포도가 향을 갖는 것은 아니며 대표적으로 머스캣이 가진 특유의 향을 **머스캣 향**, 게뷔르츠트라미너가 가진 **향신료풍의 향**을 예로 들 수 있다. 소비뇽 블랑의 푸른 풀 향은 공기와 접촉해서 발현되므로 1차 아로마로는 분류하지 않는다는 설도 있지만 아직까지는 대개 1차 아로마로 분류된다. 구체적인 향으로는 **과실, 꽃, 미네랄** 등이 있다.

●2차 아로마

발효 및 양조 과정에서 비롯되는 향을 2차 아로마라고 한다. **딸기맛 사탕**이나 **바나나**와 같은 향이 전형적인 예다. **카보닉 마세라시옹**(→P.12)이라는 양조 기술로 만들어지는 향이다. 그밖에도 **말로락틱 발효**(젖산 발효, →P.180) 과정에서 젖산균의 활동으로 생기는 치즈나 요구르트풍의 향. 오랫동안 효모 찌꺼기와 함께 숙성하는 **쉬르 리**(Sur Lie)를 거치면서 생기는 **팽 드미**(식빵)풍의 향. **바토나주**를 거치면서 생기는 팽 그릴(구운 빵)풍의 향도 대표적인 예다.

●3차 아로마

숙성에서 비롯되는 향을 3차 아로마라고 한다. 나무통 숙성과 병 숙성으로 분류된다. 나무통 숙성은 통의 풍미가 와인으로 옮겨지는 것이다. 통은 내부를 불로 태워 제조하므로 태운 정도가 강하다면 그을린 듯한 **로스트 향**. 약하다면 **버터**와 같은 향을 느낄 수 있다. 더불어 **스파이시한 향**도 생겨난다. 병 숙성으로는 빈티지가 어릴 때는 느낄 수 없었던 향이 만들어지기도 한다.

향 아로마 휠

※미국 캘리포니아 대학 데이비스 캠퍼스(UC Davis)에서 개발한 아로마 휠을 토대로 작성한 것.

아로마 휠이란

이 아로마 휠에는 원의 중심부에 대분류, 바로 옆 바깥쪽에 중분류, 가장 바깥쪽에 소분류의 순서로 향의 요소가 나열되어 있다. 머릿속에 향의 이미지는 떠오르지만 구체적인 단어가 생각나지 않을 때 활용하기 좋다.

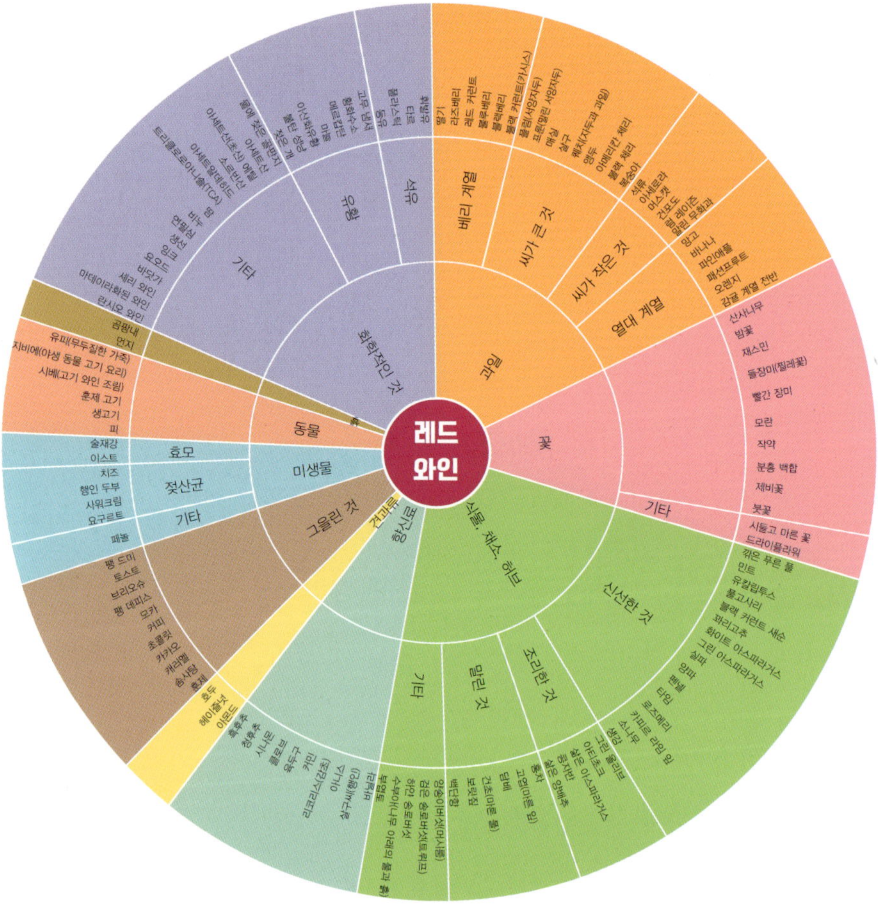

레드 와인의 아로마 휠

레드 와인과 화이트 와인의 아로마 휠이다.
연상되는 향의 이미지를 찾을 때 활용해 보자

각 아로마 휠의 차이점

레드 와인과 화이트 와인이 갖는 향의 요소에는 차이점이 있다. 화이트 와인에는 감귤 계열 과일, 레드 와인에는 동물 항목이 있다는 점이 가장 크게 다르다.

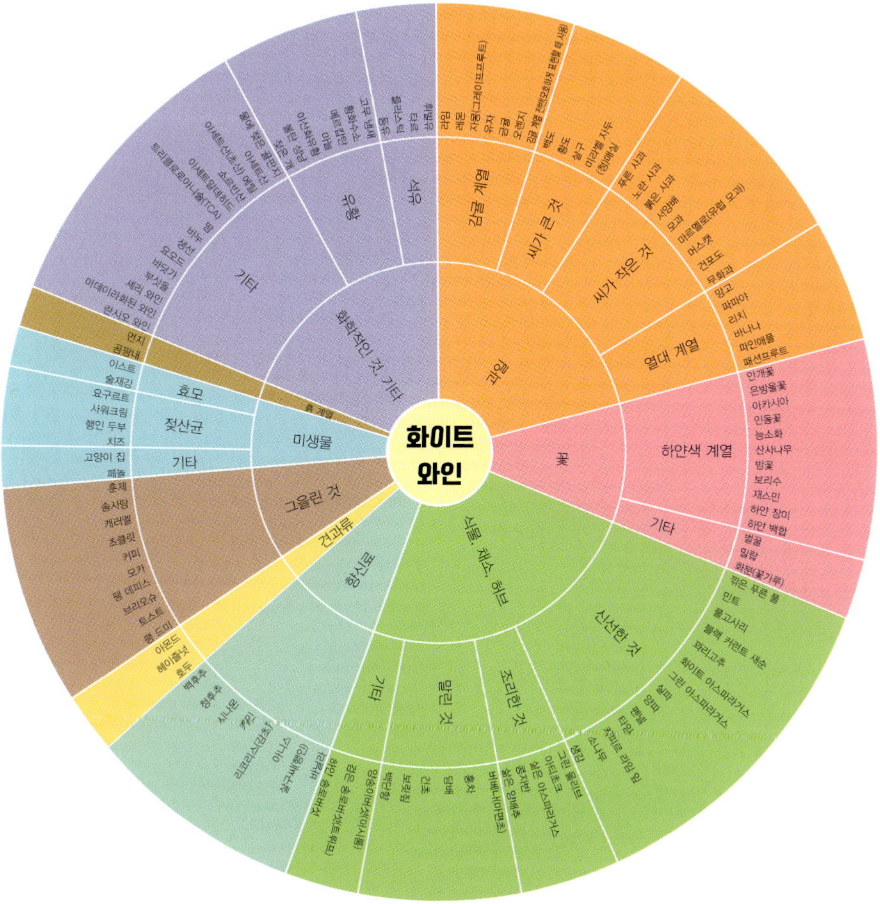

화이트 와인의 아로마 휠

향 분류 도감

향을 표현할 때 사용하는 요소를 하나씩 살펴보자.

- ● …레드 와인의 표현에 사용
- ● …화이트 와인의 표현에 사용

아로마 분류. ① 1차 아로마 / ② 2차 아로마 / ③ 3차 아로마

과실 | 붉은 베리

딸기 ● ① ②

색이 연하고 신선하며 프루티한 와인에서 많이 나타나고 시큼함보다는 달콤함이 더 강하게 느껴지는 이미지. 가메의 향을 표현할 때 사용하는 요소로 잘 알려져 있으며 머스캣 베일리 A에서도 나타난다. 2차 아로마 표현으로도 자주 활용된다.

레드 커런트 (Redcurrant) ● ①

색조가 밝고 신선한 와인에서 많이 나타나며 달콤함보다는 시큼함이 강하게 느껴지는 이미지. 루아르나 알자스, 부르고뉴 북부 등 기후가 냉량한 지역의 피노 누아 등에도 사용한다. 우리말로는 붉은 까치밥나무 열매, 프랑스어로는 그로세이유(Groseille)라고 한다.

라즈베리 ● ①

색조가 밝고 신선한 와인에서 많이 나타나며 새콤달콤함이 느껴지는 이미지. 주로 부르고뉴나 뉴질랜드의 피노 누아 또는 머스캣 베일리 A, 가메에 나타나기도 하며 프랑스어로는 프랑부아즈(Framboise)라고 한다.

과실 | 검은 베리

블루베리 ● ①

검은색 계열 과실 중에서도 시큼함과 푸르름이 느껴지는 이미지. 색이 진한 와인에서 나타난다. 단 신선한 블루베리는 향이 없고 으깨서 살짝 가열하면 향의 뉘앙스를 확인할 수 있다. 프랑스어로는 미르틸(Myrtille)이라고 한다.

블랙베리 ● ①

색이 진하고 숙도(익은 정도-역자 주)가 높으며 응축감이 있어 농후한 과실미가 느껴지는 이미지. 온난한 생산지에서 자란 메를로나 진판델, 쉬라(쉬라즈) 등에서 나타난다.

블랙 커런트(카시스) ● ①

숙도가 높고 응축감이 있어 독특함이 느껴지는 진한 검은색의 이미지. 보르도의 카베르네 소비뇽 등은 블랙 커런트의 리큐어(크렘 드 카시스)로 표현되기도 한다. *우리말로는 까막까치밥나무 열매라고 한다.

과실　하얀색에서 노란색 나무 열매

살구(애프리코트) ●●①

농후한 색조와 응축감이 있으며 단맛이 느껴지는 이미지. 소테른이나 토카이 아수, 캬르 드 숌과 같은 귀부 와인이나 늦수확 와인(Late harvest wine), 또는 온난한 지역에서 자란 비오니에나 슈냉 블랑 등에서 나타난다.

비파 ●①

살구보다 연한 노란색의 이미지. 단맛이 적고 숙도가 낮을 때 사용된다.

복숭아 ●●①

신선하면서 걸쭉한 단맛이 더해져 아로마의 강한 향보다 포도의 숙도가 높은 이미지. 황도는 백도보다 숙도가 높아 달콤한 향이 난다. 단맛이 더욱 두드러질 때는 복숭아 콩포트(과일을 설탕에 조린 것-역자 주)도 사용된다.

과실　남국 계열

모과 ●①

부드러운 사과 향을 연상하게 하지만 방향성이 강하고 화사한 이미지를 가진다. 스위트한 맛, 드라이한 맛이 섞여 나타나며 대표적으로는 프랑스 루아르의 슈냉 블랑을 예로 들 수 있다.

마르멜로(유럽 모과) ●①

장미과 마르멜로속(Cydonia) 마르멜로. 명자나무속 모과와는 다르다는 사실을 기억해 두자. 모과와 색조가 유사하지만 향이 더 풍부하고 달콤한 터치감, 노란색의 뉘앙스가 강하다.

망고 ●①

숙도가 높고 걸쭉한 단맛에 알싸한 뉘앙스가 살짝 느껴지며 푸근하고 온난한 지방을 연상하게 하는 이미지. 캘리포니아나 호주 같은 일조량이 많은 온난한 생산지에서 자란 품종에 폭넓게 나타난다.

패션프루트 ●①

완숙미와 동시에 발랄함이 있고 달고 강한 향에 가늘고 날카로운 신맛이 또렷하게 느껴지는 이미지. 보르도나 뉴질랜드에서 자란 잘 익은 소비뇽 블랑 등에 주로 나타난다. 이따금 귀부 와인에서 느껴질 때도 있다.

파인애플 ●①

완숙을 넘어 과숙된 듯한 높은 숙도와 파워풀한 향의 이미지. 캘리포니아나 호주 등지에서 자란 샤르도네를 비롯해 대체로 온난한 지방에서 생산된 화이트 와인에서 나타난다.

리치 ●①

달콤함 속에 오리엔탈풍 향신료가 숨기를 머금은 듯한 느낌이 있는 독특한 향. 특징적인 향이 분명하게 드러나므로 실제 리치로 향을 확인해 두는 것이 좋다. 주로 게뷔르츠트라미너의 향을 표현할 때 활용한다.

과실 | 사과 계열

푸른 사과 ● ①

신선하고 상쾌하며 새콤달콤하면서 생기발랄한 이미지. 뮈스카데나 소비뇽 블랑 등 초록의 푸르름이 느껴지는 화이트 와인에서 폭넓게 나타난다. 숙도가 높아질수록 노란 사과나 붉은 사과로 변한다.

붉은 사과 ● ①

똑같이 신선하고 새콤달콤한 사과라도 푸른 사과보다 더 무르익은 듯한 인상을 풍기는 와인을 표현할 때 사용한다. 숙도가 더 높아지면 꿀사과, 콩포트, 잼 등으로 구분한다.

서양배 ● ①

잘 익은 모과와 비슷하며 사과의 새콤달콤함에 단맛이 조금 더 강해진 듯한 이미지. 사과로 표현되는 와인보다 숙도가 높고 전체적으로 조화로운 느낌이 있는 화이트 와인에 사용된다.

과실 | 붉은 나무 열매

앵두 ● ①

로제 와인 등을 포함한 밝은 색조에 경쾌하며 귀여운 이미지. 비교적 냉량한 생산지에서 자란 피노 누아를 비롯해 다양한 품종에 폭넓게 나타난다.

아메리칸 체리 ● ①

앵두보다 빨간색이 더 선명하고 강한 이미지. 앵두와 공통적인 새콤달콤한 향이 있으며 앵두보다 단맛이 조금 더 많이 느껴질 때 사용한다.

플럼(서양자두) ● ①

플럼에는 다양한 품종이 있으나 이때는 빨간 플럼을 가열할 때 풍기는 향의 이미지를 말한다. 피노 누아 등 붉은색이 두드러지는 와인에 자주 사용된다.

과실 | 색이 진한 열매

석류 ● ①

빨간 색조가 강한 와인으로 새콤달콤함 속에서도 시큼한 향이 강하게 느껴질 때 사용한다. 북쪽 생산지에서 만들어진 와인에서 잘 나타난다.

블랙 체리 ● ①

아메리칸 체리보다 더 색이 진하고 검은색에 가까운 이미지. 앵두와 공통적인 새콤달콤한 향이 있으며 단맛이 강하게 느껴질 때 사용한다. 색이 진한 레드 와인을 표현할 때 많이 사용하는 용어.

보라색 자두 ● ● ①

보라색 자두는 신선미가 느껴지는 것으로 적자색 색조를 띠며 플럼과 프룬의 중간 이미지다. 신맛과와 단맛을 모두 갖고 있고 색이 연한 레드 와인이나 그리(Gris) 계열 색을 띤 포도에서 잘 드러나는 향이다.

과실　감귤 계열

라임　●①

신맛이 날카로운 감귤 계열 중에서도 꽉 조여지는 날카로움이 있고 초록빛을 띤 이미지. 같은 감귤이라도 가장 냉량한 지방에서 만들어진 상쾌감이 있는 와인에서 나타난다.

레몬　●①

날카로운 신맛을 연상하게 하지만 초록빛을 띤 이미지가 많지 않을 때 품종과 관계없이 폭넓게 활용한다. 응축된 단맛이 함께 느껴질 때는 레몬 설탕 절임, 쓴맛이 연상될 때는 레몬 껍질로 표현하기도 한다.

자몽(그레이프프루트)　●①

신맛이 날카로운 감귤 계열 과일 중에서 레몬이나 라임보다 더 진하게 드러날 때가 많다. 자몽 자체의 향을 맡을 때 느껴지는 특징적인 향으로 소비뇽 블랑에서 두드러지고 특히 뉴질랜드 와인에서 강하게 나타난다.

과실　말린(건조시킨) 것

오렌지　●●①

자몽보다 달콤하게 무르익은 듯한 부드러운 뉘앙스가 있다. 화이트 와인뿐 아니라 프랑스 북부 론 지방의 쉬라 등에서도 오렌지 리큐어의 터치감으로 등장하기도 한다.

건포도　●●③

건조시킨 포도의 이미지. 완숙도 높은 포도를 사용한 와인이나 숙성 와인에서 잘 드러난다. 그늘에서 말린 포도로 만든 와인, 예를 들면 이탈리아 아마로네나 리파소 등에서도 나타난다.

프룬(말린 서양자두)　●③

온난한 환경의 토지에서 자란 완숙미와 독특한 금속 뉘앙스가 느껴지는 이미지. 생 플럼(서양자두)과 말린 플럼으로 나누어 표현할 때가 있다. 말린 플럼은 건포도와 마찬가지로 건조시킨 포도나 숙성의 이미지를 가진다.

말린 무화과　●③

무화과 향의 성분은 벤즈알데히드다. 아몬드에도 많이 함유되어 있어 공통적인 뉘앙스가 있다. 오랜 기간 나무통 숙성을 거친 레드 와인이나 달콤한 주정강화 레드 와인을 표현할 때 사용된다.

과실 콩포트　●●①③

과실미나 단맛을 표현하는 요소로 살짝 가열된 느낌이 들 때 사용한다. 신선한 과실을 냄비에 넣고 끓여 보글보글 조려지기 시작할 때 나는 향. 바짝 졸아들어 진해지면 잼으로 표현한다.

잼　●●①③

과실미나 단맛을 표현할 때 잘 익은 포도를 사용해 만든 느낌이 들거나 본래 지닌 향의 요소에 가열한 색감이 느껴질 때 사용한다.

꽃 　빨간색 계열

빨간 장미 ● ①

큰 장미꽃의 인상을 풍기며 향이 킹하고 화려하게 느껴질 때 사용한다.

들장미 ● ①

작은 장미꽃의 인상을 풍기며 살짝 초록빛을 띤 야성적인 뉘앙스가 가미된 느낌.

시든 장미 ● ③

같은 장미꽃 중에서도 시든 장미는 화려함 속에 숙성이 진행되어 건조된 듯한 인상을 받을 때 사용한다.

꽃 　하얀색 계열

드라이플라워 ● ③

플로럴한 향의 레드 와인을 숙성시키면 드라이플라워와 같은 건조된 뉘앙스가 나타난다. 그르나슈나 템프라니요 등 온난한 환경의 토지에서 자란 품종이나 큰 나무통에서 숙성된 와인에 주로 사용한다.

작약, 모란 ● ①

실제 향이 풍긴다는 의미가 아니라 비교적 빈티지가 어린 와인의 향에서 작약이나 모란을 떠오르게 하는 우아하고 고급스러운 느낌을 받을 때 사용한다.

아카시아 ● ①

주장이 강한 향이 아닌 살짝 달콤하고 우아한 향. 화이트 와인 중에서 플로럴한 향이 있거나 가련하고 섬세한 이미지가 떠오를 때 폭넓게 사용된다.

안개꽃 ● ①

실제 향에 비유하기보다는 플로럴한 향의 화사한 이미지를 가진 화이트 와인에 전반적으로 폭넓게 사용된다. 이 경우 가지를 자른 안개꽃의 향을 의미한다.

인동꽃 ● ①

하얀색 꽃의 이미지를 연상시키고 깔끔한 단맛이 느껴질 때 사용한다. 화이트 와인의 테이스팅 의견으로 자주 등장하는 용어.

하얀 장미 ● ①

플로럴한 향을 가진 와인 중에서 화려한 인상을 받을 때 사용하는데 실제 하얀 장미의 향을 고스란히 느낄 수 있는 품종은 게뷔르츠트라미너 등으로 한정된다.

꽃　파란색에서 보라색 계열

백합 ● ①

하얗고 크며 향이 강한 개성적인 백합 특유의 향을 나타내는 이미지.

제비꽃 ● ①

레드 와인 중 파란색에서 보라색 뉘앙스가 느껴질 때 사용하는 표현이다. 예전에는 이탈리아산 와인에 많이 사용되었으나 지금은 더 넓은 지역에서 생산되는 와인에 사용된다. 덥지 않은 지역에서 재배된 포도로 만든 와인에서 비교적 자주 나타난다.

아이리스 ● ①

파란색에서 보라색의 이미지를 느낄 수 있는 향으로 향의 볼륨이 제비꽃보다 클 때 사용한다. 우리말로는 붓꽃이라고 한다.

식물

풀, 잔디 ①

과일의 요소보다는 산뜻한 푸르름이 느껴지는 이미지. 냉랭한 생산지에서 자란 소비뇽 블랑이나 뮈스카데, 숙도가 낮은 포도로 만든 와인에 나타나는 경향이 있다.

어린잎, 블랙 커런트 새순
● ● ①

블랙 커런트(카시스)의 싹이 틀 때 나는 향으로 생기 넘치는 초록빛 이미지. 향의 성분은 메톡시피라진이나 메르캅토펜탄온으로 알려져 있다. 소비뇽 블랑이 가진 독특한 향을 표현할 때 자주 사용한다.

풀고사리 ①

풀고사리는 초록빛 이미지의 향 속에서 습한 기운이 느껴질 때 사용한다. 화이트 와인뿐 아니라 레드 와인에도 사용되는 표현이다.

서양 삼나무 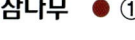 ①

서양 삼나무의 새순을 비비면 나는 향. 카베르네 소비뇽 계열의 품종을 표현할 때 자주 사용하는데 과실에 햇볕이 골고루 비춰 잘 익으면 이 향은 줄어든다. 영어로는 시더(Cedar)라고 한다.

건초 ● ● ①

목초지에서 동그랗게 말려 있는 건초 더미의 이미지. 화이트 와인에서 많이 표현하는 요소로 숙성감이나 건조함이 느껴질 때 사용한다.

고엽(마른 잎) ● ③

적정 음용 시기를 지나 극심하게 건조가 진행된 느낌으로 나타난다. 부정적인 표현으로 활용된다.

수부아 ●③

낙엽과 흙, 그늘진 지면에서 돋아난 풀과 축축한 숲에서 퍼져나오는 향이 섞인 듯한 이미지. 계절로는 가을에 비유되고 부정적인 표현이 아니라 숙성의 뉘앙스가 느껴질 때 사용한다. 우리말로는 나무 아래의 풀과 흙으로 풀어쓸 수 있다.

부엽토 ●③

수부아가 느껴지는 정도에서 한층 더 숙성되면 풍기는 향. 좋지 않은 인상을 주는 것은 아니므로 부정적인 표현은 아니다.

피망 ●●①

레드 와인으로는 카베르네 소비뇽 계열의 품종에서 자주 드러나는 향. 포도송이가 햇볕을 받지 못하고 통풍이 잘 되지 않을 때 생기는 것으로 부정적인 표현이다. 화이트 와인에서는 파릇파릇한 이미지를 가지며 냉량한 지역의 품종에 자주 나타난다.

아스파라거스 ●●①

냉량한 지역에서 만들어진 어리고 신선한 와인에 많이 사용된다. 레드 와인과 화이트 와인 모두 공통적으로 푸른 채소의 이미지를 표현한다. 화이트 아스파라거스보다 그린 아스파라거스가 초록빛의 터치감이 더 강하게 드러난다.

줄기 ●●①

산뜻함이 아닌 풋내가 강조된 이미지. 부정적으로 표현할 때 사용되는 용어다.

유칼립투스 ●①

유칼립투스가 생장하는 곳이라면 품종과 상관없이 나타난다. 낙엽이나 줄기가 부엽토가 되어 와인 속에서 민트를 연상시키는 듯한 유칼립투스의 뉘앙스를 느낄 수 있다.

민트 ●●①

청량한 초록빛 이미지를 가진 향을 표현할 때 사용한다. 화이트 와인 중에서는 외관에 초록빛을 띤 색조가 강하게 드러나는 와인에서 자주 나타난다. 레드 와인 중에서는 주로 신세계(New World) 와인에서 느낄 수 있다.

차조기 ●①

파란색에서 보라색 색조가 강해진 붉은 차조기로 비슷한 색조를 갖는 아이리스에 잎사귀의 초록빛이 더해진 이미지. 아르헨티나 등에서 자란 말벡에 나타나는 특징적인 향이다.

펜넬(회향) ●①

펜넬 자체의 향에는 아네톨 성분이 함유되어 있어 아니스와 공통적인 향을 가진다. 테이스팅 용어로는 풀과 같은 초록빛 뉘앙스와 아니스의 허브 향이 함께 느껴질 때 사용한다. 프랑스어로는 프누이(Fenouil)라고 한다.

향분류도감

버베나(마편초) ●①

버베나는 흔히 허브티로 마시는 식물이다. 청량한 뉘앙스가 느껴지지만 향이 그리 강하지 않을 때 사용한다. 향의 이미지가 잘 떠오르지 않는다면 허브티의 티백 향을 맡아 보자.

로리에(월계수) ●①

상쾌함이 은은하게 느껴지고 리날롤과 유게놀 성분이 함유되어 있어 독특한 허브풍이나 화려한 향이 풍긴다. 신선한 상태와 건조된 상태의 두 요소 모두 사용하기도 하는데 신선한 로리에는 온화한 이미지, 건조된 로리에는 향이 강한 이미지를 표현할 때 사용한다.

아니스 ●①

아니스, 스타 아니스(팔각), 아니스 리큐어나 중화요리에 두루 쓰이는 팔각 향으로 향을 이루는 주요 성분은 아네톨이다. 펜넬 씨와 비슷한 달콤한 향이 있다. 식물을 표현할 때도 사용되지만 허브, 향신료로도 표현된다.

향신료

흑후추 ●①

온난하고 건조한 지역에서 자란 포도로 만든 레드 와인에서 많이 나타나며 강력하고 스파이시한 이미지. 여러 품종에서 느낄 수 있지만 특히 쉬라에서 강하게 드러난다. 흑후추의 씨 부분보다도 검은 껍질 부분에서 나는 향이다.

백후추 ●①

온난하고 일조량이 풍부한 지역에서 자란 포도로 만든 화이트 와인에서 많이 느껴지는 스파이시한 이미지. 온난함과는 다소 거리가 먼 토지에서 자란 게뷔르츠트라미너나 실바너 등의 품종에서 개성으로 나타나기도 한다.

클로브(정향) ●①③

아니스와 비슷한 느낌에 한방적인 독특한 풍미와 바닐라의 뉘앙스가 더해진 이미지를 표현할 때 자주 사용되는 용어. 남프랑스나 이탈리아, 스페인 등 온난하고 건조한 지역에서 자란 품종에서 나타나거나 나무통 숙성을 통해 드러난다.

육두구 ●①③

클로브와 동시에 느껴질 때가 많다. 쌉쌀함과 이국적인 향의 이미지가 있다. 주로 지중해 연안의 온난하고 건조한 지역에서 나는 품종에서 많이 나타나고 나무통 숙성을 통해서도 드러난다.

리코리스(감초) ●●①

맵거나 쓴 느낌보다는 한방적인 이미지를 가지며 달콤한 향이 강하게 드러난다. 지중해 연안 지역의 품종 외에도 카베르네 소비뇽이나 쥬브레 샹베르탱의 피노 누아 등에도 나타난다.

생강 ●●①

생강 특유의 향은 진저론, 쓴맛은 진저롤과 쇼가올에서 유래한다. 주로 가공하지 않은 생강의 이미지로 사용하지만 용도가 향신료(스파이스)이므로 향신료나 허브로도 표현한다.

83

타임 ●● ①

건조시킨 향신료뿐 아니라 자연 상태 그대로의 식물로도 등장한다. 타임 자체에 기품 어린 상쾌함이 있어 독특한 향을 풍기며 남프랑스 레드 와인의 향을 표현하는 요소 중 하나다. 북쪽 지역 레드 와인에는 프레시 타임이라는 표현을 사용한다.

로즈마리 ● ①

허브 중에서도 로즈마리는 장뇌(녹나무 향 성분의 결정)와 같이 독특한 뉘앙스가 있는 강한 향을 갖는다. 청량감과 초록빛 이미지가 있으며 남프랑스 레드 와인을 표현하는 용어인 가리그(Garrigue, 이국적인 아로마가 가득한 지중해 고유의 덤불숲-역자 주)의 구성 요소다.

▎견과류

아몬드 ●● ②③

고소한 아몬드 향은 나무통 숙성으로 만들어진다. 나무통을 불로 얼마나 태우느냐에 따라 고소함의 정도가 달라진다. 특히 샤르도네가 말로락틱 발효 후 나무통 숙성을 거치면 아몬드 향이 생긴다.

호두 ●● ③

열매 안의 식용 가능한 알맹이 부분에서 나는 향을 의미한다. 고소한 견과류 향 속에 초록빛 뉘앙스가 깃들어 있는 이미지. 헤이즐넛보다 약한 산화 숙성의 뉘앙스를 함께 표현할 때 사용하기도 한다.

헤이즐넛 ●● ③

병과 나무통의 산화 숙성을 거쳐 생겨나는 향. 대표적으로 셰리의 올로로소 등에서 나타난다. 프랑스어로는 누아제트(Noisette)라고 한다.

▎방향성

바닐라 ●● ③

레드, 화이트 구별 없이 나무통 숙성을 거친 와인에서 풍기는 향. 특히 새 나무통에는 바닐라의 독특한 향을 내는 방향 성분인 바닐린이 다량 함유되어 있어 새 나무통에서 숙성하면 향이 더욱 강하게 나타난다. 또 나무통 소재가 아메리칸 오크일 경우 달콤함이 더 두드러진다.

수지 ●● ①③

수지 향은 나무통 숙성으로 만들어지는 경우나 쉬라(쉬라즈), 타나 등의 포도가 본래 갖고 있는 경우로 나뉜다. 새로운 나무통일수록 수지 향이 진해진다.

잣 ● ①

고소함 속에 송진의 이미지가 연상될 때 활용한다.

소나무 ●● ①

수목의 싱그럽고 푸르른 향과 수지 향이 함께 느껴질 때 활용한다.
카베르네 계열 와인에서 자주 나타난다. 그리스의 레치나 와인은 송진을 첨가해서 만들기 때문에 소나무 향이 난다

그을린 것

연기 ●● ① ③

내부를 불로 태운 나무통에서 숙성되면서 생기는 향과 소비뇽 블랑 같은 품종의 개성으로 그을린 듯한 뉘앙스가 느껴지는 향이 있다.
레드 와인과 화이트 와인에서 공통적으로 느낄 수 있다.

태운 나무통 ③

말 그대로 와인이 나무통에서 숙성되면서 생기는 향으로 나무통을 불로 태운 향이 와인에 배어들어 고스란히 표현된다.
레드 와인, 화이트 와인에서 공통적으로 느낄 수 있다.

담뱃잎 ● ③

지궐련이 아닌 엽궐련의 향을 의미하며 기본적으로 숙성 와인을 표현할 때 사용한다.
보르도 지방의 고급 와인, 그중에서도 나무통 숙성의 풍미가 가득한 와인에서 많이 나타난다.

팽 그릴(구운 빵) ②③

효모 분해로 생기는 향과 나무통에서 만들어지는 향을 표현한다. 조금은 가볍고도 포근한 고소함이 느껴지는 이미지. 나무통 숙성 과정에서 바토나주를 한 와인이나 샴페인에서도 이러한 향이 생긴다. 나무통에서 유래된 향은 레드 와인과 화이트 와인에서 모두 느낄 수 있다.

구운 아몬드 ● ③

말 그대로 아몬드를 구운 고소한 향. 나무통에서 숙성된 화이트 와인이나 산화 숙성된 화이트 와인에서 나타난다.

캐러멜 ③

설탕을 끓여 완전히 녹인 고소하고 달콤한 향. 레드 와인과 화이트 와인에서 공통적으로 느껴지는데 주로 오래 숙성된 고급 샤르도네나 주정강화 와인에서 나타난다.

솜사탕 ●●③

설탕을 끓이기 시작할 때 나는 고소하고 달콤한 향. 주로 코슈 등 섬세한 유형의 화이트 와인에 나타난다.

카카오 ●③

카카오 콩을 구운 고소한 느낌으로 단맛이 거의 포함되어 있지 않을 때 사용하는 표현. 색조가 진하고 응축감이 있는 와인에서 잘 드러난다. 가루 느낌의 타닌감이 느껴질 때는 카카오 파우더로 표현하기도 한다.

초콜릿 ●●③

카카오에 당분을 첨가한 것이 초콜릿이지만 기본적으로는 비터 초콜릿의 향을 떠올리면 된다.
레드 와인과 화이트 와인 모두 색조가 진하고 달콤한 향을 가진 농후한 와인이 나무통에서 숙성된 경우에 잘 드러난다.

화학 물질

아세트산(초산) ●●②

향은 비니거(Vinegar, 식초)처럼 느껴진다. 발효 도중 아세트산균의 활동으로 만들어지는 향. 부정적인 향으로 인식된다.

아세트산 에틸 ●●②

플라스틱 모형(프라모델)을 조립할 때 사용하는 순간접착제의 향. 건전한 와인에서도 나타나지만 농도가 높아지면 향도 진해져 더욱 두드러지므로 부정적인 향으로 인식된다.

페놀 ●●②

페놀은 방향족 화합물 중 하나로 석탄산을 의미하는데 와인에서 페놀 냄새가 난다면 레드 와인은 마구간 냄새, 화이트 와인은 소독약 냄새의 이미지를 갖는다. 둘 다 부정적인 향이다.

유황 ●●②

온천장 주변에 피어오르는 향. 대부분은 양조 과정에서 첨가된 아황산(이산화유황)이 강하게 드러나면서 나는 냄새나 환원취로 황화수소가 느껴질 때 표현되기도 한다.

요오드 ●●②

'해조'나 '바다 냄새'로 바꿔 표현할 수 있다. 과거에 바다였던 곳이나 바닷가 근처에 있는 밭에서 재배된 포도에서 느껴지기도 한다. 앵두나 프랑부아즈(라즈베리)의 향이 변화해 김과 같은 향이 느껴지는 경우도 있다.

에테르

비누 ●●②
향료가 들어 있지 않은 비누 본연의 향. 귀부 포도를 드라이한 맛으로 만들 때 흔히 나타난다.

양초, 왁스 ●②③
꿀벌 집에서 추출한 왁스(밀랍). 숙성된 와인에서 나타나는 부드럽고 달콤한 풍미를 연상시키는 향.
대체로 귀부 와인이나 늦수확 와인에서 느껴진다.

맥주 ●②
맥주 원료인 홉과 맥아가 한 데 섞인 부드러운 향이 느껴질 때 활용한다.

요구르트 ●●②
요구르트 향은 말로락틱 발효 과정에서 젖산균의 활동으로 만들어진다. 레드 와인과 화이트 와인에서 공통적으로 풍기는 향.

버터 ●●②
버터 향에는 말로락틱 발효 과정에서 생기는 향과 나무통 숙성 과정 중 목재에서 나온 리그닌이 바닐린 등으로 변화되면서 드러나는 향이 있다.

치즈 ●●②
치즈 향은 말로락틱 발효 과정에서 생기는 향이 숙성을 거쳐 변화되면서 나타난다. 숙성이 더 많이 진행된 경우 치즈 제조소로 표현하기도 한다.

동물 계열

고양이 오줌 ●①
루아르 등 냉량한 지역에서 만들어진 소비뇽 블랑에서 느껴지는 독특한 향. 부정적인 표현은 아니다. 프랑스어로는 피피 드 샤(Pipi de chat)라고 한다.

젖은 개 ●●②
깨끗이 씻지 않은 개가 비에 젖은 듯한 뉘앙스. 짐승 냄새 같은 향이 느껴질 때 활용한다.

유피(무두질한 가죽) ●③
새 가죽 가방 속에서 나는 향으로 가득 찬 듯한 이미지. 고급스러운 인상을 주는 가죽 향에 사용하는 표현이다. 북부 론 지방의 쉬라에 잘 나타나고 보르도나 부르고뉴 지방의 숙성된 고급 와인에서도 느낄 수 있다.

생고기 ● ① ③

기름기가 없는 붉은 생고기 냄새. 소나 사슴 고기의 피 또는 쇠의 이미지. 피노 누아나 쉬라의 영 와인에서 자주 느껴진다.

지비에(야생 동물 고기 요리)
● ③

고기 계열 중에서도 짐승 냄새나 동물 냄새가 강한 이미지.
북부 론 지방의 쉬라, 이탈리아 피에몬 테주의 네비올로나 남서 지방의 타나로 만든 숙성된 레드 와인 등에서 느껴질 때가 있다.

훈제고기 ● ③

쇠고기 육포 냄새. 고기를 건조시킨 뉘앙스에 살짝 태운 뉘앙스와 스파이시함이 가미된 이미지.

머스크 ● ①

머스크는 사향노루의 향낭에서 채취하는 향료로 매혹적인 달콤한 향이 난다. 머스캣의 어원이 바로 이 머스크다. 머스캣 계열 품종과 비오니에 등에서 나타난다.

기타

딸기맛 사탕 ● ②

발효 과정 중에서도 특히 카보닉 마세라시옹을 통해 만들어지는 향으로 보졸레 누보가 대표적이다. 또 카보닉 마세라시옹 방식으로 만든 머스캣 베일리 A에서도 나타난다.

벌꿀 ● ①

벌꿀 향은 잘 익은 포도로 만든 와인에서 폭넓게 나타난다. 향이 풍부한 품종은 물론 포도 본연의 향이 많지 않은 샤르도네, 귀부 와인에서도 확연히 느껴진다.

향에 관한 Q&A

Q 비강(코안)에 남아 있는 향을 없애는 방법이 있나요?

A <u>있습니다.</u>
팔꿈치 안쪽에 코를 대고 자신의 체취를 맡으면 비강에 남아 있는 향이 없어집니다. 직접 체험해 보기를 권합니다.

Q 향은 글라스에 따르고 나서 바로 맡아야만 하나요?

A <u>가능하다면 향은 바로 맡는 것이 좋습니다.</u>
단 따르고 난 직후의 차분한 상태와 스월링한 후의 향을 모두 맡는 것이 중요합니다. 글라스에 따르고 나서 시간이 지나면 차츰 산소와 접촉해 산화된 향으로 변하기 때문에 두 가지 향을 모두 감지할 수 있도록 주의를 기울여 봅시다.

Q 제비꽃 향은 어떤 이미지인가요?

A <u>청초하고 푸르며 살짝 차갑게 느껴지기도 하는 은은한 향입니다.</u>
테이스팅에서는 꽃의 이미지로 그저 일반적인 파란색 꽃일 뿐 특별한 느낌은 없는, 한마디로 정리하자면 작고 파란 꽃의 이미지를 표현할 때 사용하는 용어입니다.

Q 환원취는 어떤 향인가요? 그리고 왜 그런 향이 나는 건가요?

A <u>여러 가지 향의 집합체로 산소를 잃거나 수소를 얻는 과정에서 생깁니다.</u>
환원은 산화의 반대 개념입니다. 화학적으로는 산소를 잃거나 수소를 얻는 상태를 의미합니다. 환원취는 한 가지 향이 아니라 환원 상태 전체의 향, 즉 여러 가지 향의 집합체를 뜻합니다. 산소를 잃은 상태가 오래 지속되면 발생합니다. 산소 차단이 가능한 압착기를 이용해 포도에서 즙을 짜내 스테인리스 탱크에서 발효시킨 후 산소를 공급하지 않은 채로 탱크에서 숙성시켜 마지막에 병입하는 방식으로 와인을 만들면 환원적인 향이 발생할 때가 많습니다. 환원 상태의 향이므로 산소를 충분히 공급하기만 하면 대부분 사라집니다. 하지만 여러 가지 향의 집합체인 만큼 그중에는 사라지지 않는 향도 있습니다. 스테인리스 탱크 바닥에 생긴 효모 덩어리에서 생성되는 황화수소는 환원취의 하나로 달걀 썩은 냄새를 풍깁니다. 이 냄새는 짧은 시간에 금방 사라지지 않습니다.

Column 4

코르크 냄새로 불리는
부쇼네란?

와인을 즐겨 마신다면 언젠가 한 번쯤은 '부쇼네'를 경험하게 됩니다. 부쇼네는 병을 열기 전에는 알 수 없기 때문에 우연한 기회를 기다려야만 하지만 와인의 건전성을 확인하기 위해서라도 알아둬야 할 냄새이자 현상입니다.

부쇼네는 일반적으로 코르크 냄새, 곰팡내, 젖은 걸레를 방치한 듯한 냄새 등으로 불리는데 개인적으로는 지하철 공장 현장에서 나는 냄새, 즉 곰팡이와 덜 마른 콘크리트가 섞인 듯한 냄새처럼 느껴집니다.

이것들에는 모두 공통적으로 '곰팡내'가 있습니다. 곰팡내는 코르크를 염소계 용액으로 소독할 때 발생하는 트리클로로아니솔(TCA)이라는 물질에서 발생합니다. 인간의 역치(느낄 수 있는 한계)가 매우 낮은 물질 중 하나로 넓은 공간에 한 방울만 떨어뜨려도 금세 알아차릴 정도로 쉽게 감지할 수 있는 냄새라고 합니다.

그밖에도 몇 가지 비슷한 냄새가 있는데 기화하기 쉬운 화합물(기체)을 분석하는 가스 크로마토그래피(Gas Chromatography)라는 기계로 측정한 수치가 00이더라도 부쇼네 냄새로 잘못 느낄 때도 있습니다.

벌꿀과 오이를 합치면 멜론 향으로 느끼듯 인간의 코는 향 물질보다 향을 합쳐 이미지를 연상시키는 착각을 일으킵니다. 이 같은 현상이 와인병을 열었을 때도 나타나는 것입니다.

실제 부쇼네와 이미지로 느끼는 부쇼네가 있다는 사실을 기억해 두기를 바랍니다.

Part4
맛보기

와인을 입에 머금고 맛을 느낀다.
단맛과 신맛, 그리고 전체적인 풍미를 살펴보자.

맛보는 방법

자신이 맛을 느끼는 방법의 습관과 패턴을 파악한다

테이스팅의 마지막 단계인 맛보기로 넘어가 보자. 이때도 항상 같은 조건으로 테이스팅할 수 있도록 2가지 사실을 기억해 두자.

첫 번째는 **입안에 머금는 와인의 양**이다. 향을 감지하는 방법과 마찬가지로 **항상 일정한 양의 와인을 입에 머금는 것**이 중요하다. 자신이 가장 맛을 잘 느낄 수 있는 양을 파악해 그 양만큼만 입에 머금도록 주의하자.

두 번째는 **자신이 맛을 느끼는 방법의 특징**을 알고 있어야 한다는 점이다. 입안에서 맛을 느끼는 것은 혀다. 혀에는 **미뢰 세포**가 있어서 5가지 맛으로 분류되는 **단맛, 신맛, 짠맛, 쓴맛, 감칠맛**을 감지하고 신경 세포를 거쳐 빠르게 뇌로 전달해 맛으로 인식한다. 혀의 구조나 맛을 느끼는 방법에 관해서는 다양한 설이 존재하지만 사람마다 비강의 모양이 다르듯 혀의 미뢰 세포도 저마다 다르게 분포되어 있다. 또 맛을 분별할 수 있는 능력도 모두 다르다.

음식물이 입에 들어갈 때 **혀의 어느 부분이 어떤 맛을 가장 잘 느끼는지**, 또 **어떤 맛에 민감한지** 의식을 집중해 보자. 아주 조금 삼켰을 때 맛이 명확하게 느껴지기도 한다. 이 같은 특징을 이해하면 맛을 더욱 세밀하게 분별할 수 있다.

맛은 진하기와 양으로 표현한다

맛을 표현하는 방법은 외관이나 향과는 다르다. 외관으로 여러 사람과 공유할 수 있는 객관적이고 정확한 정보를 모으고 향은 다른 사람에게 설명하기 어려우므로 다양한 이미지로 바꿔서 표현한다. 맛에서 **단맛이나 신맛은 정도, 다른 맛은 진하기나 양으로 표현**한다. 테이스팅 초심자 중에는 향과 맛을 혼동해 맛을 향의 요소에 빗대어 표현하는 사람도 있다. 하지만 맛은 향처럼 **다른 요소로 바꿔서 표현하지 않는다**.

그럼 이제부터 맛보기의 체크 포인트를 확인해 보자. 맛을 볼 때는 와인을 입에 머금고 뱉기 전까지 적절한 타이밍에 맞춰 확인해야 할 사항들이 있다. 먼저 입에 넣은 순간의 첫인상인 **어택**(→P.94), **미각**(→P.94) 중에서 가장 처음으로 느끼는 **단맛**, 곧이어 근소한 시간 차이로 느끼는 **신맛**, 그다음 레드 와인의 경우 타닌(떫은맛, →P.96), 그러다 차츰 와인의 전체적인 풍미가 느껴지면 **바디**(→P.97), 마지막으로 뱉은 후에 느껴지는 **여운**(애프터 테이스트, →P.100)의 순서로 살펴본다. 익숙해지기 전까지는 순서를 메모해두거나 테이스팅 시트의 항목을 확인하면서 진행하도록 한다.

마지막 단계로 '맛'을 확인해 보자.
우선 맛을 느끼는 방법과 순서를 아는 것부터 시작한다.

맛보기 포인트

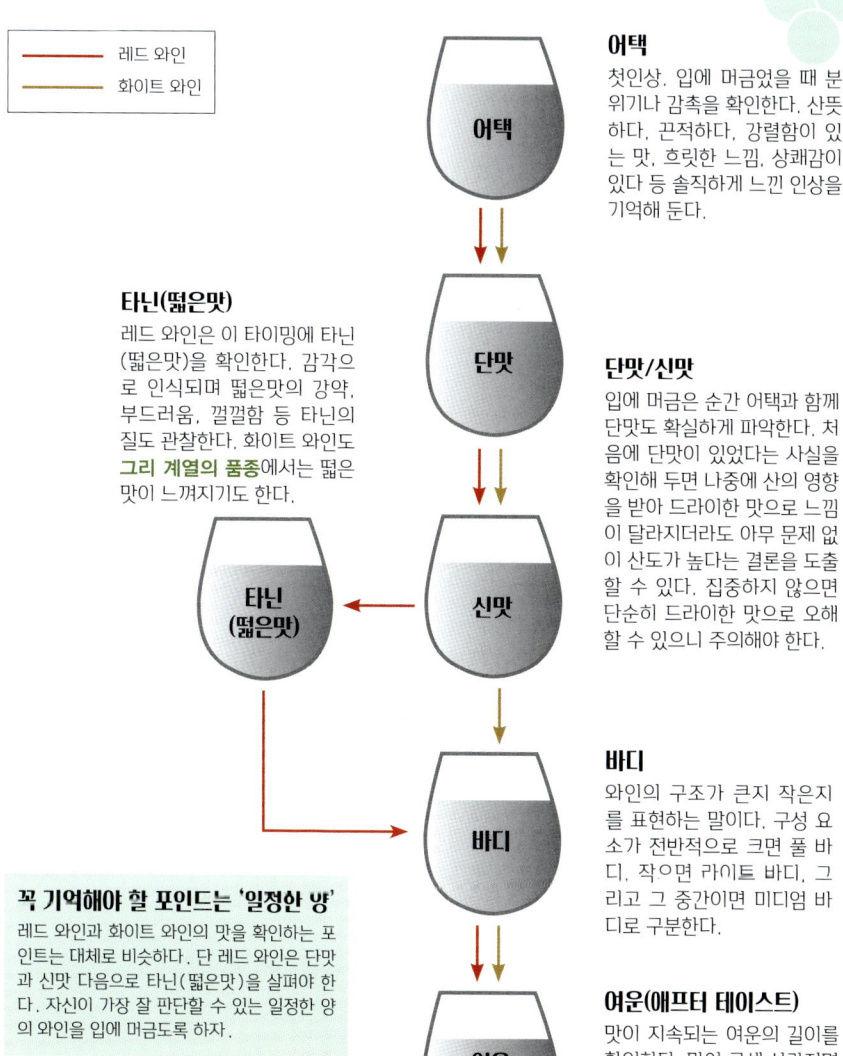

어택
첫인상. 입에 머금었을 때 분위기나 감촉을 확인한다. 산뜻하다, 끈적하다, 강렬함이 있는 맛, 흐릿한 느낌, 상쾌감이 있다 등 솔직하게 느낀 인상을 기억해 둔다.

타닌(떫은맛)
레드 와인은 이 타이밍에 타닌(떫은맛)을 확인한다. 감각으로 인식되며 떫은맛의 강약, 부드러움, 껄껄함 등 타닌의 질도 관찰한다. 화이트 와인도 **그리 계열의 품종**에서는 떫은맛이 느껴지기도 한다.

단맛/신맛
입에 머금은 순간 어택과 함께 단맛도 확실하게 파악한다. 처음에 단맛이 있었다는 사실을 확인해 두면 나중에 산의 영향을 받아 드라이한 맛으로 느낌이 달라지더라도 아무 문제 없이 산도가 높다는 결론을 도출할 수 있다. 집중하지 않으면 단순히 드라이한 맛으로 오해할 수 있으니 주의해야 한다.

바디
와인의 구조가 큰지 작은지를 표현하는 말이다. 구성 요소가 전반적으로 크면 풀 바디, 작으면 라이트 바디, 그리고 그 중간이면 미디엄 바디로 구분한다.

꼭 기억해야 할 포인트는 '일정한 양'
레드 와인과 화이트 와인의 맛을 확인하는 포인트는 대체로 비슷하다. 단 레드 와인은 단맛과 신맛 다음으로 타닌(떫은맛)을 살펴야 한다. 자신이 가장 잘 판단할 수 있는 일정한 양의 와인을 입에 머금도록 하자.

여운(애프터 테이스트)
맛이 지속되는 여운의 길이를 확인한다. 맛이 금세 사라지면 짧은 여운, 5초 이상 지속되면 긴 여운, 그리고 그 중간 여운의 3단계 정도로 확인한다.

어택과 미각

입에 머금은 순간에 의식을 집중해 첫인상을 파악한다

와인을 입에 머금었을 때 **가장 처음 느낀 인상**을 **어택**이라고 한다. 어택은 특정한 기준이 있는 것이 아니라 여러 가지 요소가 어우러진 상태에서 평가한다. 따라서 **느낀 그대로 어택으로 인식하면 된다**. 그렇다고 해서 자신이 느낀 것을 자유롭게 표현해도 된다는 의미는 아니다. 입에 머금은 순간의 와인의 **분위기**나 **감촉**을 의식적으로 파악해 **공통 언어**로 표현해야 한다.

예를 들어 첫인상에서 타닌의 떫은맛이 느껴지더라도 그 맛 그대로를 어택으로 평가하지는 않는다.

서로 영향을 주고받는 단맛과 신맛

와인을 입에 머금은 후 어택과 거의 동시에 느끼는 것이 **단맛**, 근소한 시간 차이로 그다음 느끼는 것이 신맛이다. 이 시간 차이는 각 미각의 응답 속도가 다르기 때문에 발생한다. 또 **단맛과 신맛은 서로 강하게 영향을 주고받는다**. 단맛이 강하면 신맛은 약하게, 신맛이 강하면 단맛은 약하게 느껴진다.

실제로 단맛과 신맛의 영향을 직접 경험해 보자. 같은 와인에 당을 추가한 것과 산을 추가한 것, 그리고 와인의 본래 상태 그대로인 원주(原酒) 이렇게 3가지를 준비한다. 우선 원주와 당을 추가한 와인으로 산도를 비교해 본다. 당을 추가한 와인에서 신맛이 더 약하게 느껴질 것이다. 다음으로 원주와 산을 추가한 와인으로 당도를 비교해 보면 산을 추가한 와인에서 드라이한 맛을 느끼게 된다. 분명 같은 양의 당과 산을 추가했는데 맛이 다르게 느껴지는 것은 단맛과 신맛이 서로 영향을 주고받아 인간의 미각에 착각을 일으키기 때문이다. 이러한 사실을 바르게 이해하고 감지한 정보를 머릿속으로 잘 정리하면서 와인에 관한 진실을 찾아가 보자.

[테이스팅 용어]

신선한 어택	매끈한 어택	단맛이 약하다
농후한 어택	거친 어택	순한 단맛
끈적한 어택	강렬함이 있는 어택	풍부한 단맛

입안에서 와인의 분위기나 감촉, 미각을 확인한다.
그리고 느낀 점을 솔직하게 공통 언어로 표현해 보자.

어택과 미각

잔류 당분과 글리세린을 구별해 스위트한 맛인지 드라이한 맛인지 판단한다

단맛에서 한 가지 더 구별해야 할 것이 있는데 바로 **잔류 당분**과 **글리세린**이다. **잔류 당분은 포도당이나 과당 등의 단당류, 글리세린은 알코올 발효로 생성되는 3가 알코올**이다. 스위트한 맛과 드라이한 맛을 판단할 때 **잔류 당분이 만들어내는 단맛을 혀로 판단할 수 있는지가 중요한 포인트**다. 그렇다면 잔류 당분과 글리세린의 차이는 어떻게 살펴보면 될까. 잔류 당분은 설탕과 맛이 같으므로 1ℓ당 10g 정도의 연한 설탕물을 만들어 그 맛을 기억해 두면 글리세린과 구별하는 데 도움이 된다.

유형과 양을 파악해 신맛을 정확하게 표현한다

신맛에는 여러 유형이 있는데 **아주 시큼한 느낌, 공격적이고 날카로운 인상을 주는 신맛, 온화하고 부드러운 신맛**으로 분류할 수 있다. 와인에 포함된 성분으로 살펴보면 첫 번째 신맛에는 **사과산**과 함께 **구연산(시트르산)**이 포함된다. 마지막 신맛에는 대표적으로 **젖산**이 포함되고 그 중간 맛에는 **주석산**이 포함된다. 산을 표현할 때 각 유형을 언급하지는 않지만 전체적으로 파악하려면 **유형과 양의 2가지 기준으로 살펴봐야 한다**. 테이스팅 기술 중에서도 어려운 방법에 해당하므로 우선 각각의 특징을 의식하면서 테이스팅해 보자.

쓴맛이 느껴지는지 확인한다

5가지 맛의 하나인 **쓴맛**은 주로 식물에서 유래하는 것으로 대표적인 성분으로는 퀴닌(quinine, 키니네라고도 한다-역자 주)이 있다. 쓴맛 성분은 원래 식물이 동물의 위협에서 몸을 지키기 위해 생성하던 것이다. 동물과 마찬가지로 인간도 받아들이기 어려운 맛이지만 **익숙해지면 맛있고 편안한 맛으로 바뀌는 특징**이 있다. 어른이 되면서 산나물이나 맥주와 같은 맛을 좋아하게 되는 것도 같은 이치다. 와인에는 다소 쓴맛이 있나. 본래 쓴맛이 쉽게 드러나는 품종이거나 미네랄, 나무통을 통해 나타나기도 한다.

[테이스팅 용어]

잔류 당분이 있다	뚜렷한 신맛	온화한 신맛
날카로운 신맛	매끄러운 신맛	부드러운 신맛
상쾌한 신맛	섬세한 신맛	우아한 신맛

타닌의 양과 질

맛보기

타닌은 레드 와인에 포함된 중요한 요소다.
시간이 지나면서 어떻게 변화하는지 확인해 보자.

타닌은 양과 질로 표현하고 숙성도를 추정할 수 있다

타닌은 레드 와인에 포함된 **떫은 성분으로, 양과 질로 표현**한다. 타닌의 양을 **폴리페놀** 함유량으로 측정할 수 있다.

떫은맛은 혀로 맛을 감지하는 5가지 맛에는 포함되지 않고 **잇몸을 포함한 점막 등 입 안 전체에서 느끼는 것**이므로 맛보다는 촉각으로 인지된다. 이때의 감각은 떫은 감을 베어 문 듯한 **잇몸에 남는 떫은 느낌**이다. 이 느낌을 **수렴성**이라고 하며 떫은맛을 **수렴성의 강하기로 표현**하기도 한다.

과거에는 거칠고 껄껄한 타닌이 중합되어 앙금으로 가라앉으면서 순해진다고 알려져 있었지만 와인 정도의 수소이온농도(pH)로는 중합은 일어나지 않고 오히려 절단되어 **짧아진다**. 또 **중합되어 분자량이 많은 타닌일수록 떫은맛이 강한 것**으로 밝혀졌다. 지금은 과실 단계에서부터 타닌의 숙도를 분석할 수 있게 되었다. 영 와인이라도 확실하게 타닌을 가지면서 이미 숙성된 듯한 부드러움이나 매끈함이 느껴지는 와인을 만들 수 있게 된 것이다.

타닌의 질로 품종 분류하기

타닌이 강하거나 풍부한 품종

카베르네 소비뇽
쉬라(쉬라즈)
네비올로 등

타닌이 약하거나 부족한 품종

피노 누아
가메
머스캣 베일리 A 등

【테이스팅 용어】

찌르는 듯한	힘찬	산뜻한
껄껄한	섬세한	벨벳 같은
거친	세밀한	실키한(부드러운 실크 같은 - 역자 주)

바디

비교적 자주 접하는 용어인 '바디'는 과연 무엇을 표현하는 말일까?

여러 가지 요소를 종합적으로 평가한 것

바디는 일반적으로 잘 알려진 와인 용어다. 와인에 관한 정보가 실린 후면 라벨에 **풀 바디**나 **라이트 바디**와 같은 용어가 기재되기도 한다. 하지만 많이 알려져 있음에도 불구하고 본래의 의미는 좀처럼 알기 어렵다.

바디는 와인이 갖는 구조의 크기를 표현하는 말이다. **구조를 판단하는 주요 요소인 타닌의 양이나 알코올감, 무게감이나 응축감 등을 종합적으로 평가하는 것이 바로 바디다. 종합적인 와인의 구조가 크면 풀 바디, 작으면** **라이트 바디**라고 표현한다. 단, 정해진 수치가 있는 것이 아니므로 **평가하는 사람의 감각에 따라 풀, 미디엄, 라이트의 경계선이 나뉘고** 그레이 존(구분이 모호한 중간 영역-역자 주)도 존재한다. 또 맛을 구성하는 요소인 산도가 높으면 가볍게 느껴지므로 산도 역시 라이트 바디의 판단 재료가 된다.

바디는 본래 레드 와인을 표현하는 용어로 많이 사용되었으나 지금은 화이트 와인을 표현할 때도 사용한다.

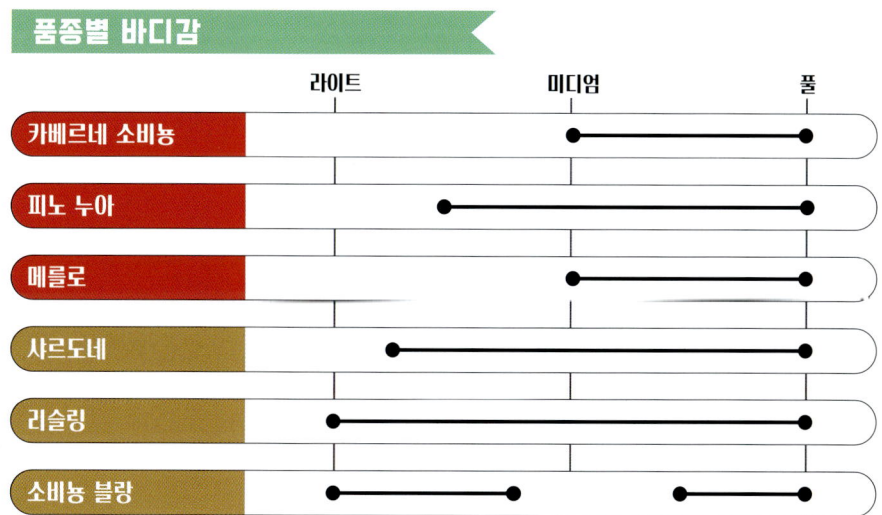

복잡성

복잡한 와인과 단순한 와인.
이 두 와인의 차이점을 통해 복잡성을 살펴보자.

 복잡성을 이해하려면 5가지 맛과 수렴성 외의 다른 요소들을 파악해야 한다

와인에는 **복잡한 와인**과 **단순한 와인**이 있다. **복잡성**은 **바디**와 마찬가지로 단어의 의미는 알고 있지만 무엇을 어떻게 판단해야 복잡함과 단순함을 확인할 수 있는지는 알기 어렵다. 실제로는 **미각의 5가지 맛과 수렴성으로 표현할 수 없는 부분**을 복잡성이라는 말로 표현한다.

철분이 많이 함유된 토양에서 자란 피노누아로 만든 와인을 예로 들어보자. 이 와인에서 5가지 맛과 수렴성 외에 쇠 느낌, 여러 가지 미네랄, 응축된 과실감이 느껴진다면 복잡하다고 판단한다.

반면 프랑스의 보졸레 와인에서 5가지 맛과 수렴성 외에 발랄한 과실감이 느껴진다 해도 한 가지만으로는 복잡한 와인이라고 하지 않는다.

이처럼 복잡성은 **여러 가지 요소가 서로 얽혀** 만들어진다.

5가지 맛과 수렴성 외의 다른 요소들이 많을수록 복잡성은 커진다. 이와 같은 이유로 **복잡한 와인은 위대한 와인으로 평가되어 가격에도 영향을 미친다.**

복잡성을 만들어내는 요소

숙성
- 나무통 발효
- 숙성을 통한 성분 변화 등

토양
- 미네랄감
- 쇠 느낌 등

5가지 맛에는 없는 맛
- 과실감
- 플로럴한 느낌
- 스파이시한 느낌 등
  ↓
  그 밖의 여러 가지 요소

균형감(밸런스)

레드 와인과 화이트 와인의 각기 다른 균형감의 기준과 조화 여부를 확인한다.
와인을 구성하는 요소들의 조화는 와인의 품질을 파악하는 포인트가 된다.

 ### 화이트 와인의 기준은 단맛과 신맛의 2가지

테이스팅 마무리 단계에서는 지금까지 모은 정보를 토대로 와인의 **균형감**을 종합적으로 평가해 보자. 균형감은 **와인을 구성하는 요소들이 조화를 이루고 있는지** 확인하는 것으로 일반적으로는 와인의 품질을 평가하는 포인트가 된다.

화이트 와인은 균형감을 **단맛과 신맛의 2가지 기준으로 비교**한다. 이것은 단맛과 신맛이 항상 균형을 이루고 있어야 한다는 의미가 아니다. 산도가 매우 높고 단맛이 적을 때는 깔끔하고 드라이한 맛의 균형감. 단맛이 강하고 산도가 낮을 때는 스위트한 맛의 균형감. 단맛과 신맛이 모두 많을 때는 새콤달콤하고 풍부한 균형감이 나타난다. 또 둘 다 적을 때는 묽고 단조로운 와인이 된다. 와인은 이 2가지 요소만으로 구성되는 것은 아니므로 **단맛과 신맛의 균형감이 좋지 않더라도 다른 요소들로 부족함이 채워져 맛이 좋아지기도** 한다.

 ### 레드 와인의 기준은 타닌이 더해진 3가지

레드 와인의 균형감은 화이트 와인과 동일한 **단맛과 신맛의 균형감에 타닌이 더해진 3가지 요소를 기준으로 확인한다.** 균형감을 확인하는 기준이 3가지이므로 화이트 와인보다 복잡하고 어렵지만 **타닌의 조화는 레드 와인을 평가하는 데 빠질 수 없는 중요한 요소**다.

타닌이 지나치게 많으면 균형감이 깨지고 또 적으면 부족함이 느껴진다.

테이스팅할 때는 균형감을 종합적으로 평가해 의견을 작성하면 되지만 **와인을 즐기려면 와인을 마시는 상황도 고려해서 균형감을 확인**할 필요가 있다.

이를테면 밤에 레드 와인만 마실 때는 타닌은 적고 진한 감칠맛이 있는 유형의 와인을 선택하는 것이 좋다. 또 식사 중에 요리와 함께 마실 때는 타닌이 아주 강한 와인이 오히려 **요리와 만나 매력을 발산**하기도 한다. 특히 기름진 고기를 먹을 때 레드 와인을 마시면 타닌의 떫은맛과 동물성 지방이 만나 단맛으로 바뀐다. 레드 와인의 균형감에는 이러한 특성도 있다는 사실을 이해하면서 균형감을 파악하는 데 주의를 기울여 보자.

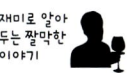 맛 좋은 와인을 만드는 생산지에는 반드시 맛 좋은 레스토랑이 있기 마련이지요.

여운(애프터 테이스트)

**와인의 가치를 결정하는 여운,
여운이 중요한 이유는 무엇일까?**

 여운의 중요성은 프랑스 식사 예절에서 비롯되었다

와인의 맛이 지속되는 것을 여운, 또는 애프터 테이스트라고 한다. 테이스팅에서는 와인을 뱉은 후 **여운이 어느 정도 지속되는지를 측정해 오래 남을수록 높이 평가**한다.

그렇다면 여운은 왜 맛을 판단하는 포인트 중 하나가 되었을까? 그 이유는 프랑스를 비롯한 유럽 식문화에서 찾을 수 있다.

동양에서는 식사할 때 많은 사람이 입안에 음식이 남아 있어도 술이나 음료를 마신다. 마치 음료로 음식을 삼켜 넘기는 듯한 감각이다. 이러한 행동은 프랑스 식사 예절에 어긋난다. 프랑스에서는 입안의 음식을 모두 삼킨 후 와인을 마시는 것을 올바른 예절로 삼기 때문이다.

프랑스 식사 예절에 따라 음식을 다 먹고 나서 와인을 마시면 음식의 맛과 와인의 맛이 만나 **마리아주**(Mariage, 와인과 음식의 궁합-역자 주)를 이룬다. 음식과 와인의 환상적인 조화를 체감하고 즐기는 것이다. 이처럼 여운의 중요성은 **여운의 길이에도 와인의 가치를 담고자 했던** 유럽문화에서 시작되었다.

 포도의 잠재력으로 결정되는 여운의 길이

여운에는 강하게 오래 지속되는 것과 가늘고 길게 지속되는 것이 있다. 여운은 지속력으로, 본래 포도가 지닌 **잠재력에 따라 지속력이 결정된다**. 여러 가지 요소의 볼륨이 큰 풀 바디 와인이라고 해서 반드시 여운이 긴 것은 아니다. 라이트 바디나 섬세한 와인에서도 긴 여운을 느낄 수 있다는 사실을 기억해 두자.

맛의 느낌

와인의 '맛'은 어떻게 평가하는 것일까.

 ## 아미노산의 감칠맛과 맛 조합의 기술

맛의 느낌 역시 수치나 정도로는 측정할 수 없는 추상적인 요소다. 취향에 따라서도 좌우되기 때문에 다른 사람과 공유하기 어려운 항목이기도 하다. 맛의 느낌에는 2가지 방향성이 있다. 하나는 **5가지 맛 중 감칠맛 성분에서 유래하는 것**이다. 효모 분해로 생성되는 아미노산의 영향을 받는 맛으로 양조 공정 중에 만들어진다. 이를테면 화이트 와인 발효 후에 가라앉은 앙금을 걸러내지 않고 그대로 와인과 접촉하게 하는 **쉬르 리**나 나무통 또는 탱크 안의 앙금을 휘저어 섞어 와인과 접촉시키는 **바토나주** 등이 있다. 레드 와인을 만들 때도 앙금과 의도적으로 접촉시키기도 한다. 다른 하나는 **맛의 균형감이나 복잡성을 조합하는 기술**로 만들어지는 것이다.

지금까지 테이스팅을 거쳐 여러 가지 정보를 모으고 분석한 것은 '맛의 느낌'을 평가하는 자신만의 종합적인 척도를 만들기 위해서였다. 이제부터는 감칠맛뿐 아니라 맛의 균형감이나 복잡성을 조합한 기술도 척도에 반영되도록 계속해서 다양한 맛을 익혀 나가자.

맛에 대한 이해가 깊어질수록 **'정말 맛있다'고 느껴지는 와인을 만날 기회도 점점 더 많아진다**. 자신이 느낀 와인의 맛을 일류 소믈리에나 와인을 즐기는 사람들과 공유할 수 있게 되면 지금까지 길러온 테이스팅 능력을 확인하고 실감할 수 있을 것이다.

맛의 방향성

감칠맛 성분에서 유래하는 것
- 화이트 – 쉬르 리 / 바토나주 / 병 내 2차 발효로 앙금과 함께 숙성시키는 방법 등
- 레드 – 앙금과 의도적으로 접촉시켜 만드는 경우 등

맛의 균형감+복잡성

> 재미로 알아두는 짧막한 이야기 — 일본에는 머스캣 베일리 A라는 품종이 있는데 베일리 B, 베일리 C도 있다는 사실을 아시나요?

맛에 관한 Q&A

Q '매력적이다'라는 표현은 언제 사용하나요?

A 말 그대로 사랑스러운 와인을 표현할 때 사용합니다.
개인적으로는 바디가 작고 향이 은은한데 왠지 모르게 마음이 끌리는 와인을 '매력적이다'라고 표현합니다.

Q '깨끗한 와인'이라는 표현은 언제 사용하나요?

A 결점이 없는 와인을 표현할 때 사용합니다.
병충해를 입거나 상처 난 알이 하나도 없는 건전한 포도, 야생 효모나 브레타노마이세스(Brettanomyces) 등 좋지 않은 효모와 균이 번식할 수 없는 완벽한 발효 관리, 깔끔하게 세척된 탱크나 나무통에서 발효된 와인을 의미하지요. 재미없는 와인이라고 말하는 사람도 있지만 저는 좋아합니다.

Q 미네랄이 어떤 맛인지 잘 모르겠어요. 연습할 만한 좋은 방법이 있을까요?

A 미네랄 함량이 많은 경수를 종류별로 몇 가지 마셔보면 특유의 맛을 이해할 수 있습니다.
미네랄의 여러 가지 요소가 풍부하게 함유된 물과 특히 칼슘만 많이 함유된 물의 맛을 비교해 보기를 추천합니다. 같은 브랜드라도 수원지가 다르면 미네랄 성분도 다르니 라벨의 성분 표시를 확인해 주세요.

Q 적절한 표현이 떠오르지 않을 때는 어떻게 하는 게 좋을까요?

A 몇 번이고 반복적으로 표현하는 노력이 필요합니다.
열심히 표현을 찾다 보면 어느 순간 정답이 떠오를 것입니다. 아무리 애를 써도 생각나지 않을 때는 다른 사람의 테이스팅 의견에 귀를 기울여 봅시다. '와, 이런 식으로도 표현할 수 있구나!'하고 눈이 번쩍 뜨이는 기회를 얻게 될지도 모릅니다. 또 아로마 휠을 참고하는 것도 좋은 방법입니다.

정보 파일링하기

지금까지 살펴본 테이스팅 정보를 정리해 보자.

 블라인드 테이스팅에 참고할 수 있도록 정보를 파일링해 두자

지금까지 와인의 외관을 관찰하고 향을 감지하고 맛을 보면서 얻은 정보를 분석해 종합적인 평가를 진행해 왔다. 이 과정에서 파악한 정보는 앞으로 계속해서 와인을 테이스팅하는 데 아주 중요한 자료로 활용되어 테이스팅 능력을 더욱 향상시킬 것이다.

테이스팅을 통해 파악한 정보는 **머릿속의 파일 폴더에 저장**되는데 **블라인드 테이스팅**을 할 때 단편적인 정보라도 찾을 수 있도록 파일 폴더에 **라벨**을 붙여두자. 어렵게 생각할 것 없이 이 책에서 배운 테이스팅 순서 중 포인트가 될 만한 점, 이를테면 색조, 향의 요소, 미각이나 바디와 같은 항목으로 라벨을 붙이면 된다. 또 파일 폴더에 정리할 때는 중심이 되는 기준을 설정해 두자. 생산지의 남북 입지를 의식하고 시간이나 색조의 기준 등을 설정하는 등 정해진 규칙은 없다. **자신이 머릿속에 떠올리기 쉬운 기준으로 설정**한다.

처음에는 파일 폴더가 많지 않으므로 파일을 작성하는 것부터 시작한다. 파일이나 보관함을 정리하면서 정보와 라벨을 하나둘 늘려나가자. 정보가 많으면 많아질수록 테이스팅뿐 아니라 와인을 주제로 나누는 대화도 더욱 즐거워질 것이다.

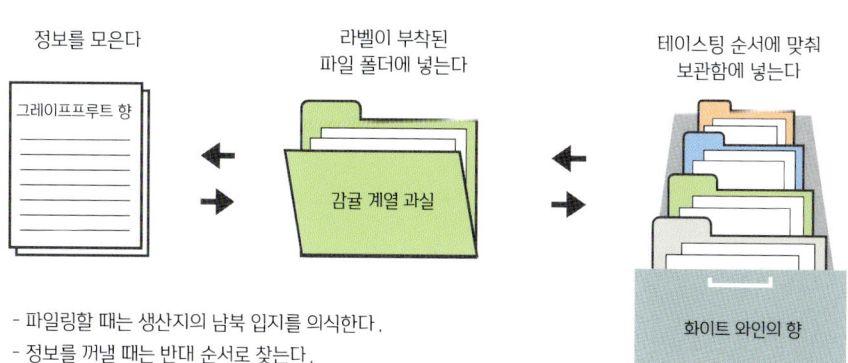

파일링 방법의 예

- 파일링할 때는 생산지의 남북 입지를 의식한다.
- 정보를 꺼낼 때는 반대 순서로 찾는다.

Column 5
레스토랑에서 와인을 주문하는 팁은?

전문적으로 와인을 공부해서 자신 있게 와인을 고를 수 있는 사람이 아니라면 고급 레스토랑에서 생소한 와인 이름이 쫙 나열된 리스트를 보기만 해도 저절로 긴장감이 고조될 것입니다. 그럴 때는 편하게 소믈리에에게 도움을 요청해 봅시다.

고급 레스토랑에는 대부분 소믈리에가 상주하고 있습니다. 레스토랑에서 와인을 고를 때는 소믈리에를 최대한 활용하는 것이 가장 좋습니다.

그러려면 먼저 자신이 좋아하는 와인이나 마시고 싶은 와인에 대해 정확하게 말할 수 있어야 합니다. 노련하게 척척 추천해주는 소믈리에도 있지만 취향을 제대로 설명하지 않으면 원하던 것과는 다른 와인을 추천받아 오히려 곤란해질 수도 있기 때문이지요. 소믈리에가 적절한 와인을 고를 수 있도록 되도록 다양한 정보를 전달하는 것이 좋습니다. 구체적인 이름까지는 아니더라도 "화이트 와인이라면 산도가 높지 않은 와인이 좋아요.", "나무통 숙성의 풍미가 가득한 와인이면 좋겠어요!"와 같은 대략적인 방향이 담긴 정보도 괜찮습니다. 예전에 마신 와인 중 마음에 들거나 맛이 좋아 휴대폰 카메라로 찍어둔 사진이 있다면 소믈리에에게 보여주는 것도 빠르고 정확하게 설명하는 방법입니다.

취향과 함께 원하는 가격대도 알리는 것이 좋습니다. 가격을 노출해도 괜찮은 사람과 함께 있을 때는 편하게 말해도 되지만 감추고 싶은 사람과 함께 있을 때는 와인 리스트 중에서 원하는 정도와 비슷한 '가격'을 손으로 가리켜 "이 정도의 와인이면 좋겠어요."하고 말하면 적절한 와인을 골라 권해줄 것입니다. 이처럼 고객에게 가장 알맞은 와인을 제안하는 것이 소믈리에의 일입니다. 소믈리에들에게 와인을 고르는 데 힌트가 될 만한 정보를 제공하는 고객은 최고의 고객이라고 할 수 있지요.

Part5
알아두면 유용한 품종

테이스팅 의견을 품종별로 정리한 것이다.
실제로 여러 품종의 와인을 테이스팅한다고 상상하면서 읽어보자.

Part 5 바로 보기

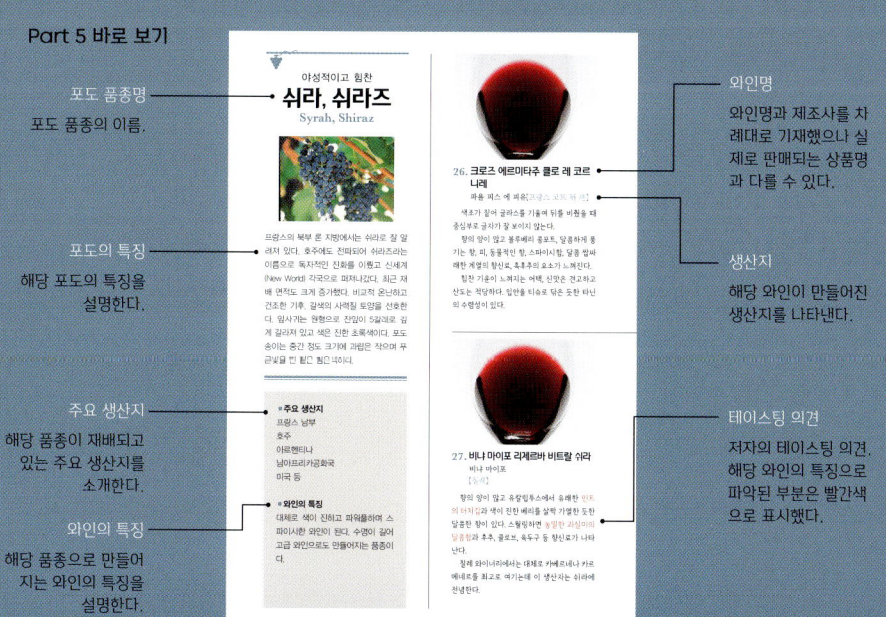

포도 품종명
포도 품종의 이름.

포도의 특징
해당 포도의 특징을 설명한다.

주요 생산지
해당 품종이 재배되고 있는 주요 생산지를 소개한다.

와인의 특징
해당 품종으로 만들어지는 와인의 특징을 설명한다.

와인명
와인명과 제조사를 차례대로 기재했으나 실제로 판매되는 상품명과 다를 수 있다.

생산지
해당 와인이 만들어진 생산지를 나타낸다.

테이스팅 의견
저자의 테이스팅 의견. 해당 와인의 특징으로 파악된 부분은 빨간색으로 표시했다.

흑포도의 왕
카베르네 소비뇽
Cabernet Sauvignon

최상의 와인이 될 수 있는 품종 중 하나. 재배하기 어려운 편은 아니지만 배수가 잘되는 사력질 토양과 비교적 온난한 기후를 선호하며 냉량한 지역에서는 완숙하지 못한다. 잎사귀는 타원형으로 잔잎이 5갈래로 깊게 갈라져 있고 깊고 진한 초록색을 띤다. 송이와 포도알 모두 작고 진한 검은색이다.

■ 주요 생산지
프랑스 보르도 지방
그 외 세계 각지

■ 와인의 특징
본래 갖고 있는 색소와 타닌량이 많아 일반적으로 색이 진하고 구성력이 큰 와인이 된다.
나무통과의 조화성이 좋아 많은 생산자가 나무통 숙성을 선택하는 품종이다.
과거에는 타닌이 많아 숙성되기까지 시간이 필요했으나 타닌 숙도 분석 기술이 발달해 이른 시기에 마실 수 있는 와인이 만들어지게 되었다.

1. 샤토 라그랑쥐
샤토 라그랑쥐 【프랑스 보르도 생쥘리앙】

조금 짙고 어두운 가넷색. 글라스를 기울여 뒤를 비췄을 때 중심부로 글자가 희미하게 보인다. 블랙 커런트(카시스), 블랙 체리와 같은 색이 진한 싱그러운 베리 향. 식물적인 요소와 스파이시함도 살짝 있다.

박력 있는 어택, 신맛은 부드럽고 온화하다. 타닌은 많지만 섬세하다. 큰 구조감이 느껴진다.

2. 샤토 라그랑쥐 (1보다 9년 더 오래된 빈티지)
샤토 라그랑쥐 【프랑스 보르도 생쥘리앙】

오렌지빛을 띤 갈색 뉘앙스가 많고 보랏빛도 살짝 감돈다.
글라스에 채운 상태에서 느껴지는 향의 양(볼륨)이 많고 숙성감이 있다. 말린 고기나 클로브, 육두구 등의 향신료에 초콜릿이나 럼 레이즌, 건과일도 느껴진다.
입안에서 느껴지는 구조감이 크다. 부드러운 숙성감과 함께 조금 더 장기 숙성 가능한 잠재력이 있다.

3. 샤토 뒤아르 밀롱
도멘 바롱 드 로칠드
【프랑스 보르도 포이약】

향의 양이 많다. 블랙 커런트, 블랙 체리, 라그랑쥐(1, 2)에서는 거의 느끼지 못한 서양 삼나무가 살며시 느껴진다. 스월링하면 달콤한 과실의 충실감이 커지고 나무통 향도 복잡하게 표현된다(빈티지는 1과 같음. 테이스팅 시점보다 3년 더 오래된 것).

타닌의 양이 많고 카베르네다운 견고한 구조감이 느껴진다.

5. 로스 바스코스 그랑 리저브
로스 바스코스
【칠레】

상당히 짙고 어두운 가넷색. 글라스를 기울여 뒤를 비췄을 때 중심부로 글자가 보이지 않는다.

블랙 커런트, 블랙 체리와 같은 색이 진한 싱싱한 베리 향에 유칼립투스에서 유래한 민트의 터치감이 있다.

박력 있는 어택, 산도가 높고 충분한 응축감과의 대비가 칠레산 와인다운 느낌이다.

4. 본테라 카베르네 소비뇽
본테라
【미국 캘리포니아】

조금 짙고 카베르네 소비뇽 중에서는 밝은 이미지를 갖고 있다.

향의 양이 많으며 부드럽고 달콤한 향과 레드 커런트 콩포트, 인동꽃의 향이 풍긴다. 스월링하면 살짝 전원적인 뉘앙스에 부티르산(낙산)의 터치감도 나타난다. 자연스러운 응축감과 부드러움이 느껴지는 와인.

6. 토미 레드
산토리 토미노오카 와이너리
【일본 야마나시】

약간 밝은 가넷색.

향은 블랙 커런트나 블랙베리와 같은 검은 과실을 중심으로 후추, 담배, 삼나무 새순, 향신료 등이 있다.

응축감은 있지만 다른 보르도 와인(1, 2, 3)보다 조금 가늘고 여리며 단정하면서도 골격이 탄탄하다. 나무통의 뉘앙스는 은은하고 강력함과 숙성 잠재력이 느껴진다.

7. BIN 407
카베르네 소비뇽
펜폴즈 [호주]

상당히 짙고 어두운 가넷색. 글라스를 기울여 뒤를 비췄을 때 중심부로 글자가 보이지 않는다.
유칼립투스에서 유래한 민트의 터치감이 꽤 강하다. 블랙 커런트나 블랙 체리와 같은 색이 진한 베리와 럼 레이즌, 달콤하고 쌉싸래한 계열의 향신료도 느껴진다.
박력 있는 어택, 신맛은 온화하고 부드럽다. 입 안에 블랙 체리를 으깬 듯한 농후함이 있다.

8. 캐시드럴 셀러 카베르네 소비뇽
KWV [남아프리카공화국]

약간 짙고 조금 밝은 가넷색. 글라스를 기울여 뒤를 비췄을 때 중심부로 글자가 보인다.
향의 양은 꽤 많고 블루베리, 블랙 체리, 서양 삼나무, 제라늄, 향신료가 느껴진다.
부드러우면서도 중량감이 있는 어택, 박력 있는 와인으로 타닌의 양이 상당히 많으며 구조는 약간 크고 강력함이 있다.

흑포도의 여왕
피노 누아
Pinot Noir

세계 곳곳의 많은 생산자가 재배하고 있지만 좀처럼 키우기 쉽지 않은 높은 난이도를 가진 품종이다. 하지만 토양과의 궁합이 잘 맞는 최적지에서 키우면 최상의 와인이 될 수 있는 품종이기도 하다. 냉량한 기후와 배수가 잘되는 석회질 토양을 선호한다. 잎사귀는 타원형으로 얇게 갈라져 있고 잔잎은 3갈래다. 송이는 작은 편이지만 과립이 밀착되어 있는 것이 특징이다. 과립은 작고 과피는 얇으며 진한 보랏빛에서 푸른빛을 띤 검은색이다.

■ **주요 생산지**

프랑스 부르고뉴
샹파뉴 지방
미국
스위스
호주
뉴질랜드

■ **와인의 특징**

본래 갖고 있는 색소량이 적어 일반적으로 와인의 색도 연하다. 향과 맛에서 모두 베리 계열의 특색을 느낄 수 있는 와인으로 완성된다.

9. 부르고뉴 피노 누아 라 비네
부샤르 페르 에 피스
【프랑스 부르고뉴】

레드 와인 중에서도 상당히 연한 루비색. 글라스를 기울여 뒤를 비췄을 때 중심부로 글자가 선명하게 보인다.

핑크색 앵두, 딸기와 같은 붉은 베리의 향이나 가다랑어포(가쓰오부시)의 구수한 향도 있다.

경쾌하고 발랄한 느낌에 프루티한 풍미, 살짝 강렬한 신맛과 탄탄한 볼륨감이 있다. 산뜻하고 신선한 이미지와 적절한 복잡성이 느껴지는 와인.

11. 에라스 오리건 피노 누아
에라스
【미국 오리건】

마을 이름에 밭 이름이 함께 붙여진 와인.

레드 와인 중에서는 연한 편이지만 피노 누아로는 평균적인 농도를 갖고 있다.

경쾌하고 위로 올라오는 향이 풍부하며 아메리칸 체리, 플럼(서양자두)의 이미지가 떠오른다.

힘찬 어택, 완숙 상태의 단맛이 느껴진다. 구조는 자연스러우며 크지는 않지만 단단한 근육질에 탄력적이다. 은근한 감칠맛이 있는 와인.

10. 사비니 레 본 오 그랑 리아
도멘 시몬 비즈 에 피스
【프랑스 부르고뉴 사비니 레 본】

향의 양이 많고 아메리칸 체리, 블루베리, 베리를 냄비에 넣고 살짝 가열한 듯한 이미지. 빨간색 꽃, 향신료의 뉘앙스도 있다. 스월링하면 살며시 동물적인 뉘앙스도 나타난다.

응축감이 있는 어택으로 단맛이 느껴진다. 신맛은 온화하고 산도는 적당하다. 꽉 찬 과실미가 오리건산다운 느낌을 주는 피노 누아.

12. 코야마 윌리엄 빈야드 피노 누아
코야마 와인즈 【뉴질랜드】

다른 피노 누아보다 확연히 짙다.

향의 양이 상당히 많고 아메리칸 체리, 블랙 체리, 연필심 등 검은색을 연상시키는 요소가 많다. 스파이시함도 강하게 드러난다.

박력 있는 어택, 타닌의 양은 조금 많다. 자연스러운 단맛이 있으며 꽉 차고 순수한 과실미가 느껴지는 와인.

13. 본 그레브 비뉴 드 랑팡 제쥐
도멘 부샤르 페르 에 피스
【프랑스 부르고뉴 코트 드 본】

본 마을 부샤르 페르 에 피스의 최고급 퀴베(Cuvee). 9와 순위로는 큰 차이가 있지만 색의 농도는 거의 비슷하다.

블랙 체리, 블루베리, 들장미, 스파이시함, 쇠 느낌이 있다.

복잡하고 질감이 두꺼우며 응축감이 있는 와인. 구조의 크기와 깊이감이 넓게 퍼져나간다.

15. 브로이어 루즈
게오르그 브로이어
【독일 라인가우】

상당히 옅은 루비색.

향의 양이 많고 앵두, 딸기, 플럼, 작은 빨간색 꽃 등 사랑스럽고 매력적이다. 행인 두부의 뉘앙스도 있다.

풍미는 발랄하고 프루티하다. 타닌의 양은 적고 독일산 피노 누아다운 깔끔하고 아름다운 신맛을 가진 와인.

14. 쥬브레 샹베르탱
도멘 위베르 리니에
【프랑스 부르고뉴 쥬브레 샹베르탱】

다른 코트도르 와인(9, 10, 13)과 비교하면 가장 밝다.

향의 양이 상당히 많고 그리오트(향이 진한 유럽 앵두), 빨간색 꽃, 바닐라, 스파이시함, 쥬브레 샹베르탱에서 많이 나타나는 리코리스(감초)가 선명하다.

온화하고 달콤하지만 견고한 구조를 가지며 응축감이 있는 와인.

16. 로랑 페리에 퀴베 로제
로랑 페리에
【프랑스 샹파뉴】

스틸 와인은 아니지만 피노 누아를 이야기할 때 빼놓을 수 없는 와인이다. 피노 100%를 마세라시옹 방식으로 양조한 아름다운 새먼 핑크색의 로제 샴페인. 산뜻한 베리 향, 입에 머금으면 핑크색 앵두나 레드커런트, 플럼 등을 깨문듯한 신선함이 있다.

카베르네 소비뇽의 부모
카베르네 프랑
Cabernet Franc

카베르네 소비뇽의 부모 품종. 보르도에서는 명조연이지만 루아르강 중류 지역에서는 주연으로 많이 재배되고 있다. 비교적 냉량하고 습윤한 곳에서 잘 자라며 병충해에 강하다.

18. 샤토 도게
샤토 도게
【프랑스 보르도 생테밀리옹】

카베르네 프랑이 가장 많은 비율을 차지하는 것은 아니지만 보르도 내에서는 사용 비율이 가장 높은 와인(17보다 19년, 19년보다 18년 오래된 것).

상당히 옅고 갈색에서 벽돌색을 띤다.

향은 달콤하고 화사하다. 건과일, 코코아, 서양 삼나무, 클로브가 살짝 느껴진다.

숙성되어 부드럽고 우아한 와인.

*메를로 50%, 카베르네 프랑 40%, 카베르네 소비뇽 10%

17. 쉬농 클로 드 튀르프네
샤토 드 쿨렝
【프랑스 루아르】

중간 정도에서 약간 짙고 보랏빛이 많이 감돈다. 향의 양이 많고 블루베리, 보라색 꽃, 앵두 콩피(잼), 서양 삼나무 등 신선한 허브의 요소가 있다.

신선한 어택과 탄탄한 신맛의 골격이 느껴지는 와인으로, 날씬하고 탄력적인 섬세한 근육질의 이미지를 가지며 편안한 여운도 즐길 수 있다.

19. 메티스
도멘 데 콰레
【프랑스 루아르】

중간 정도에서 약간 짙고 어두운 터치감이 있으며 보랏빛이 많이 감돌고 갈색 색조도 살짝 드러난다.

향은 달콤하고 화사하다. 앵두 콩피, 작고 빨간 꽃, 서양 삼나무와 같은 신선한 허브, 클로브가 살며시 느껴진다.

깔끔하고 우아한 신맛과 탄탄한 이미지를 가지고 있으며 타닌의 양은 중간 정도로 상당히 드라이하다. 발랄하고 과실미가 있는 와인.

주연과 조연의 역할을 모두 소화하는
메를로
Merlot

환경 적응 능력이 뛰어나고 재배 면적도 넓다. 페트뤼스(Petrus)와 같은 최고급 와인으로 만들어질 만큼 질과 양 모두 세계 최고 수준의 품종이다. 비교적 온난한 기후와 보수력이 높은 점토질 토양을 선호한다. 잎사귀는 특징적인 쐐기형으로 잔잎이 5갈래로 깊이 갈려져 있으며 색은 진한 초록색이다. 송이는 길고 과립은 작거나 중간 정도의 크기다. 과피도 중간 정도의 두께로 색은 푸른빛을 띤 검은색이다.

■ 주요 생산지
프랑스 각지
특히 보르도 지방
이탈리아
미국
칠레 등

■ 와인의 특징
풍부한 과실미와 포근한 바디감이 있다. 카베르네 소비뇽보다 타닌이 온화하며 입안에서 느껴지는 감촉이 부드러운 와인으로 완성된다.

20. 샤토 물랭 뒤 카데
샤토 샤소네
【프랑스 보르도 생테밀리옹】

조금 짙고 어두운 가넷색. 글라스를 기울여 뒤를 비췄을 때 중심부로 글자가 희미하게 보인다.

향의 양이 많고 우아한 과실의 응축감, 레드 커런트 콩포트, 숙성감이 있는 향이 풍긴다.

입안에서 느껴지는 구조의 크기는 중간 정도로 숙성감이 느껴진다. 어택은 온화하고 바디는 부드럽다. 견고한 구조감을 갖는 카베르네와의 차이점에 주의해야 한다.

21. 샤토 생 진 메를로 소노마 카운티
샤토 생 진
【미국 캘리포니아 소노마 카운티】

상당히 짙다. 글라스를 기울여 뒤를 비췄을 때 중심부로 글자가 희미하게 보인다.

향의 양이 많고 블루베리, 블랙 체리, 블랙 커런트, 향신료, 민트의 요소가 있다. 스월링하면 달콤하고 풍부한 향이 풍기며 화사하다.

타닌의 양은 꽤 많지만 온화하고 우아한 타닌이다. 구조가 약간 크고 응축감이 느껴지는 와인.

메를로

22. 산타 캐롤리나 메를로 그랑 리제르바
산타 캐롤리나 [칠레]

상당히 짙고 어두운 가넷색. 글라스를 기울여 뒤를 비췄을 때 중심부로 글자가 보이지 않는다.

향의 양이 많고 블랙 체리, 블랙 커런트, 생과 실보다는 가열한 듯한 이미지, 흑후추나 클로브 와 같은 향신료에 나무통 향도 가득하다.

온화하고 풍부하며 구조감이 큰 와인으로 매우 높은 응축감이 느껴진다. 비터 초콜릿을 맛본 듯한 여운이 있다.

24. 컬럼비아 밸리 메를로
샤토 생 미셸
【미국 워싱턴】

조금 짙고 글라스를 기울여 뒤를 비췄을 때 중심부로 글자가 보인다.

향의 양은 중간 정도로 붉은 베리의 이미지가 강하다. 레드 커런트, 블루베리, 스파이시함도 있다. 스월링하면 붉은 베리가 한층 더 두드러지고 향신료도 확연히 드러나며 후추, 클로브, 육두구 등이 나타난다.

과실의 순수한 충실감이 매력적인 와인.

23. 홉노브 메를로
조르주 뒤뵈프
【프랑스 페이독】

향의 양이 많고 압도적인 과실감, 살짝 가열한 듯한 이미지, 초콜릿, 럼 레이즌의 요소가 있다. 스월링하면 달콤한 터치감, 구운 아몬드, 바닐라, 리코리스도 나타난다.

온화함과 풍부함이 느껴지는 어택, 타닌의 양은 꽤 많지만 달콤함과 꽉 찬 과실미가 있어 거슬리지 않는다. 블랙 커런트를 으깬 듯한 뒷맛이 있다.

25. 재팬 프리미엄 시오지리 메를로
산토리 시오지리 와이너리
【일본 나가노】

조금 짙으며 보랏빛과 오렌지빛이 약간 많이 감돈다.

향의 양이 많고 블루베리나 아메리칸 체리 등 달콤한 향이 풍기며 빨간색 꽃이 느껴진다. 스월링하면 시오지리산 메를로다운 삶은 듯한 팥, 풀 고사리와 같은 식물적인 요소가 나타난다.

우아함이 느껴지는 어택, 타닌의 양은 중간에서 약간 많은 정도이며 은은하고 청초하다.

야성적이고 힘찬
쉬라, 쉬라즈
Syrah, Shiraz

프랑스의 북부 론 지방에서는 쉬라로 잘 알려져 있다. 호주에도 전파되어 쉬라즈라는 이름으로 독자적인 진화를 이뤘고 신세계 (New World) 각국으로 퍼져나갔다. 최근 재배 면적도 크게 증가했다. 비교적 온난하고 건조한 기후, 갈색의 사력질 토양을 선호한다. 잎사귀는 원형으로 잔잎이 5갈래로 깊게 갈라져 있고 색은 진한 초록색이다. 포도송이는 중간 정도 크기에 과립은 작으며 푸른빛을 띤 짙은 검은색이다.

■ 주요 생산지
프랑스 남부
호주
아르헨티나
남아프리카공화국
미국 등

■ 와인의 특징
대체로 색이 진하고 파워풀하며 스파이시한 와인이 된다. 수명이 길어 고급 와인으로도 만들어지는 품종이다.

26. 크로즈 에르미타주 클로 레 코르니레
파올 피스 에 피유 【프랑스 코트 뒤 론】

색조가 짙어 글라스를 기울여 뒤를 비췄을 때 중심부로 글자가 잘 보이지 않는다.

향의 양이 많고 블루베리 콩포트, 달콤하게 풍기는 향, 피, 동물적인 향, 스파이시함, 달콤 쌉싸래한 계열의 향신료, 흑후추의 요소가 느껴진다.

힘찬 기운이 느껴지는 어택, 신맛은 견고하고 산도도 적당하다. 입안을 티슈로 닦은 듯한 타닌의 수렴성이 있다.

27. 비냐 마이포 리제르바 비트랄 쉬라
비냐 마이포
【칠레】

향의 양이 많고 유칼립투스에서 유래한 민트의 터치감과 색이 진한 베리를 살짝 가열한 듯한 달콤한 향이 있다. 스월링하면 농밀한 과실미의 달콤함과 후추, 클로브, 육두구 등 향신료가 나타난다.

칠레 와이너리에서는 대체로 카베르네나 카르메네르를 최고로 여기는데 이 생산자는 쉬라에 전념한다.

28. 펜폴즈 BIN 28 칼림나 쉬라즈
펜폴즈
【호주】

상당히 짙고 어두운 가넷색. 글라스를 기울여 뒤를 비췄을 때 중심부로 글자가 보이지 않는다.
유칼립투스에서 유래한 민트의 터치감, 블랙베리나 블랙 커런트를 바짝 조려 잼(콩피튀르)이 되기 전(콩피) 상태, 블랙 올리브, 향신료의 요소가 있다. 농밀함과 민트 계열의 상쾌함이 특징적이다.
진하고 강력함이 느껴지는 어택, 입안에 흑후추를 연상하게 하는 스파이시함이 남는다.

29. 캐시드럴 셀러 쉬라즈 레드
KWV
【남아프리카공화국】

조금 짙은 가넷색. 글라스를 기울여 뒤를 비췄을 때 중심부로 글자가 희미하게 보인다.
향의 양이 상당히 많고 말린 플럼, 살짝 시든 빨간 장미, 스파이시함, 흑후추, 코코아, 베리를 냄비에 넣고 가열한 듯한 요소가 느껴진다.
부드러우면서도 중량감 있는 어택, 온화함과 매끄러움이 느껴지는 신맛, 과실의 충실감과 농후함이 있는 와인.

Column

마시다 남은 와인은 어떻게 해야 할까?

◆

와인은 한 번 개봉하면 무조건 전부 다 마셔야만 할까요? 물론 코르크 마개를 연 와인은 점점 산화됩니다. 하지만 조급하게 생각할 필요는 없습니다.

만약 실수로 다른 와인을 개봉했다 하더라도 바로 다시 마개를 닫아 두기만 하면 한 달 정도는 그대로 보관해도 산화로 맛이 변하지는 않습니다.

단 마개를 열 때 곰팡이가 들어갈 수 있으므로 반드시 냉장 보관해야 합니다.

마시다 남은 와인 역시 같은 방법으로 보관하면 2~5일 정도는 더 두고 마실 수 있습니다. 일상생활에서 언제든지 편하게 와인을 즐기기 바랍니다.

이탈리아의 대표 명물
네비올로
Nebbiolo

원산지는 북이탈리아 피에몬테주. 햇볕과 토양의 조건이 까다로워 재배하기 어려운 품종으로 석회암 토양을 선호한다.
송이는 크고 과립은 중간 정도이며 진한 보라색이다.
초장기 숙성으로 위대한 와인을 만들 수 있는 품종이다.

31. 미라피오레 랑게 네비올로
폰타나프레다
【이탈리아 피에몬테】

중간 정도에서 조금 옅은 편이고 살짝 어둡다. 글라스를 기울여 뒤를 비췄을 때 중심부로 글자가 보인다.
향의 양이 많고 블루베리, 플럼, 달콤하게 풍기는 향, 스파이시함, 클로브 등 달콤 쌉싸래한 향신료의 요소가 있다.
신맛은 견고하며 산도는 꽤 높다. 수렴성이 있는 타닌에 구조가 약간 크고 응축감이 느껴지는 와인.

30. 체레토 바롤로
체레토
【이탈리아 피에몬테】

상당히 옅은 가넷색. 글라스를 기울여 뒤를 비췄을 때 중심부로 글자가 선명하게 보인다.
향의 양이 많고 아이리스, 프룬(말린 서양자두), 말린 무화과, 클로브, 육두구 등의 요소가 있다. 스월링하면 백단향, 쇠고기 육포, 모카나 코코아도 나타난다.
타닌의 양은 꽤 많다. 구조가 크며 바롤로의 전형적인 풍미가 잘 느껴지는 와인.

32. 바르바레스코 비네토 발레이라노
라 스피네타
【이탈리아 피에몬테】

레드 와인 중에서 중간 정도거나 조금 옅다.
향의 양이 많고 블루베리 콩포트, 달콤하게 풍기는 향, 허브나 스파이시함도 있다. 스월링하면 아이리스, 리코리스, 장미가 더 강하게 나타난다.
쇠 느낌이 난다. 충만한 타닌의 양이 많고 입 안이 꽉 조여지는 듯한 수렴성이 있다. 응축감을 느낄 수 있는 위대한 와인.

사랑스러움을 지닌
가메
Gamay

원산지는 부르고뉴로 피노 누아의 변이종이다. 보졸레의 화강암 토양과 잘 맞고 기후가 냉량한 루아르의 화강암 토양에서도 잘 자란다. 수확량이 많고 과립이 큰 것이 특징이다.

34. 조르주 뒤뵈프 플뢰리
조르주 뒤뵈프
【프랑스 보졸레 플뢰리】

중간 정도보다 약간 짙은 루비색.

향의 양이 많고 블루베리, 아메리칸 체리, 빨간색 꽃이나 모란, 제비꽃, 아이리스와 같은 꽃의 요소가 많다. 스월링하면 달콤한 향, 꿀의 느낌이 나타난다.

신맛에서는 살며시 강렬함이 느껴지며 산도는 적당하다. 발랄하면서 순수한 응축감이 있는 와인.

33. 조르주 뒤뵈프 보졸레
조르주 뒤뵈프
【프랑스 보졸레】

중간 정도보다 옅고 밝은 루비색

향의 양이 많고 블루베리, 딸기, 빨간 앵두, 바나나, 사탕과 같은 달콤한 뉘앙스도 있다. 스월링하면 변화보다는 본연의 향이 더 넓게 퍼지는 느낌이다.

산뜻하고 신선한 어택, 프루티하고 발랄하며 매력적인 레드 와인으로 여운은 짧은 편이다.

35. 조르주 뒤뵈프 물랭 아 방
조르주 뒤뵈프
【프랑스 보졸레 물랭 아 방】

중간 정도보다 약간 짙은 루비색. 34와 같은 빈티지지만 숙성감이 있다.

향의 양이 많고 아메리칸 체리, 블루베리, 빨간색 꽃, 들장미, 스파이시함, 시나몬, 생강의 뉘앙스가 느껴진다. 스월링하면 복잡성과 연한 나무통 향이 나타난다.

살며시 강렬함이 느껴지는 신맛, 복잡하고 견고한 구조감과 응축감이 있는 와인.

변신의 귀재
산지오베제
Sangiovese

이탈리아 거의 전역에서 재배되며 이탈리아 최대 재배 면적을 갖는 품종이다. 피노 누아와 마찬가지로 돌연변이가 많아 다양한 아종이 존재한다.
잎사귀는 진한 초록색이고 과립은 중간 정도로 보랏빛을 띤 검은색이다.

37. 타베넬로 산지오베제 디 로마냐
카비로【이탈리아 에밀리아 로마냐】

중간 정도에서 조금 옅다.
향의 양은 중간에서 약간 많은 편으로 앵두, 플럼, 달콤하게 풍기는 향이 있다. 스월링하면 달콤한 향신료, 클로브, 육두구 등이 진해진다. 커피의 터치감도 느껴진다.
살짝 둥글둥글한 느낌의 어택, 신맛은 온화하다. 발랄함이 있어 기분 좋게 마실 수 있는 와인으로 여운은 중간 정도에서 약간 짧은 편이다.

36. 카스텔로 디 폰테루톨리 키안티 클라시코
마체이【이탈리아 토스카나】

중간 정도에서 조금 짙다.
향의 양이 많고 앵두 콩포트와 같은 달콤하게 풍기는 향, 블랙 올리브, 스파이시함, 클로브 등 달콤 쌉싸래한 계열의 향신료가 있다. 스월링하면 전형적인 사탕 향이 풍긴다. 베리 계열과 제비꽃, 블랙 올리브, 나무통, 달콤한 향신료 등이 자연스레 퍼진다.
견고한 신맛, 구조가 약간 크고 응축감이 느껴지는 와인.

38. 브루넬로 디 몬탈치노
카스텔로 반피
【이탈리아 토스카나】

조금 옅고 숙성감이 있는 루비색.
향의 양이 많고 블랙 체리, 블랙 커런트, 달콤하게 풍기는 향, 붉은 고기, 스파이시함, 클로브 등 달콤 쌉싸래한 계열의 향신료가 느껴진다. 스월링하면 클로브, 육두구 등 달콤한 향신료 향이 더 강하게 나타난다. 숙성되면서 향이 더 퍼지기도 한다.
신맛은 온화하고 산도는 중간 정도이며 구조가 크고 응축감이 느껴지는 와인.

달콤한 유혹
그르나슈, 가르나차
Grenache, Garnacha

원산지는 스페인 아라곤. 과거에는 재배 면적이 세계 2위 규모를 자랑했으나 지금은 줄어들고 있는 추세.
온난하고 건조한 토양을 선호하는 품종으로 송이는 크고 과립은 중간 정도 크기이며 보랏빛을 띤 검은색이다.

40. 모를란다 레드
모를란다
【스페인 프리오라트】

가르나차와 카리네나가 반씩 섞인 것으로 색조는 조금 짙다.

향은 달콤하게 숙성된 향, 플럼이나 블랙베리와 같은 숙성된 검은색 과실, 프룬이나 차조기도 있어 복잡하다.

입안에서 전해지는 구조감이 크다. 완숙 상태의 달콤함을 느낄 수 있으며 감칠맛이 풍부하고 진하지만 매끄럽다. 여운이 길게 남는다.

39. 샤토네프 뒤 파프 루즈
도멘 데 세네쇼
【프랑스 코트 뒤 론】

중간 정도에서 조금 짙고 다소 어두운 뉘앙스가 있는 루비색이다.

향의 양이 많고 건과일, 프룬, 말린 무화과, 달콤 쌉싸래한 계열의 향신료, 동물적인 요소도 있다.

풍부함이 느껴지는 어택, 잘 숙성된 과실의 온화한 단맛이 퍼진다. 신맛은 부드럽고 산도는 낮은 편이다. 풍부하고 부드러우며 볼륨감이 있는 와인.

41. 타페냐 가르나차
프리시넷
【스페인】

레드 와인 중에서는 중간 정도의 농도.

향의 양이 많고 블랙 체리나 프룬과 같은 달콤하고 잘 숙성된 베리 계열의 향, 클로브나 후추 등 향신료의 요소가 느껴진다.

완숙 상태의 달콤함이 있으며 살짝 가열되면서 농도가 높아진 단맛을 연상하게 한다. 신맛은 부드럽고 산도는 적당하며 알맞은 바디가 달콤함을 느끼게 한다. 여운의 길이는 중간 정도다.

스페인의 대표 명물
템프라니요
Tempranillo

원산지는 스페인 나바라 지방. 리오하에는 장기 숙성 규정이 있어 색이 연한 이미지가 떠오르지만 본래 과피가 아주 두껍고 색이 진한 품종이다.

43. 발두본 크리안사
보데가스 발두본
【스페인 리베라 델 두에로】

레드 와인 중에서 약간 짙고 보라색이 살짝 감돈다.

숙성되면서 화사함이 드러난다. 약간의 달콤함도 느껴진다. 향의 양은 많고 블랙 체리와 블루베리, 그리고 이 두 가지를 살짝 불로 가열한 듯한 느낌도 전해진다. 허브의 뉘앙스, 럼 레이즌, 연필심을 떠오르게 하는 향도 있다.

복잡성과 부드러움을 가진 어택, 전반부는 부드럽고 중후반부에는 강력함이 드러난다.

42. 솔라 비에호 크리안사
보데가스 솔라 비에호
【스페인 리오하】

레드 와인 중에서 중간 정도의 농도. 글라스를 기울여 뒤를 비췄을 때 중심부로 글자가 선명하게 보인다.

향은 딸기나 프랑부아즈(라즈베리)를 연상하게 하는 빨간 과실, 아메리칸 오크의 달콤한 나무통 향이 진하게 드러난다. 제비꽃, 블루베리와 같은 보랏빛 뉘앙스가 느껴지는 향도 있다.

타닌은 적은 편이다. 농밀한 과실미와 달콤함을 느끼게 한다. 조금 차갑게 마시면 더욱 좋다.

44. 솔라 비에호 리제르바
보데가스 솔라 비에호
【스페인 리오하】

42보다 조금 더 짙고 깊이와 어두움이 느껴지며 오렌지 계열의 색도 감돈다.

향은 약간의 베리 계열, 향신료나 가죽, 발사믹 식초 등 복잡하고 깊이가 있다. 바닐라나 캐러멜과 같은 아메리칸 오크에서 유래된 듯한 향도 있다.

둥글둥글한 느낌의 온화한 어택, 달콤함과 부드러움이 느껴지는 와인으로 풍미가 복잡하고 여운이 길게 남는다.

칠흑의 매력
말벡
Malbec

한때 보르도에서도 대규모로 재배되던 품종으로 카오르에서는 '블랙 와인'으로 불리고 있으며 지금은 아르헨티나에서 큰 성공을 거두고 있다.
과실은 색소가 풍부하고 장기 숙성의 가능성을 지니고 있다.

46. 카테나 말벡
카테나
【아르헨티나 멘도사】

상당히 짙고 어두운 가넷색. 글라스를 기울여 뒤를 비췄을 때 중심부로 글자가 보이지 않는다.
향의 양이 많고 블랙 체리, 블랙 커런트, 흑후추나 클로브 등 향신료의 요소가 있다. 스월링하면 그을린 듯한 뉘앙스가 제법 뚜렷하게 나타난다. 연필심을 연상시키는 향이다.
응축된 과실의 강력함과 단맛, 구조가 크고 응축감이 있는 와인.

45. 마티유 코스 솔리스
도멘 코스 메종뇌브
【프랑스 카오르】

상당히 짙은 가넷색. 글라스를 기울여 뒤를 비췄을 때 중심부로 글자가 보이지 않는다.
글라스에 채운 상태에서 느껴지는 향의 양이 상당히 많고 스파이시함, 달콤 쌉싸래한 계열의 향신료, 블루베리, 제비꽃, 아이리스, 차조기, 베리를 냄비에 넣고 가열한 듯한 느낌, 붉은 살코기의 요소가 있다.
구조의 크기는 중간 정도로 치밀하게 채워진 과실의 충실감이 느껴지는 와인.

47. 카로 아루마 말벡
보데가스 카로
【아르헨티나 멘도사】

조금 짙고 약간 어두운 레드. 글라스를 기울여 뒤를 비췄을 때 중심부로 글자가 희미하게 보인다.
향의 양이 많고 블루베리 콩포트, 달콤하게 풍기는 향, 식물적인 요소, 스파이시함이 느껴진다. 스월링하면 우아함, 다채로운 요소가 자아내는 밤의 분위기, 차조기가 드러난다.
온화하고 우아한 이미지가 있으며 여운은 약간 긴 편이다.

미국의 야성미
진판델, 프리미티보
Zinfandel, Primitivo

미국에서 가장 많이 재배되고 있으나 원산지는 크로아티아로, 이탈리아 프리미티보와 동일한 품종이다. 온난한 기후, 배수가 잘되는 토양을 선호하며 과실이 다 익을 때까지 시간이 꽤 걸린다.

49. 페우도 모나치 프리미티보 살렌토 로소
카스텔로 모나치 【이탈리아 풀리아】

중간 정도에서 조금 짙다.

향의 양은 중간에서 약간 많은 정도로 건과일의 뉘앙스, 향신료의 요소가 있다. 스월링하면 달콤함과 향신료의 향이 강해지고 말린 무화과, 럼 레이즌, 시나몬, 강황, 리코리스, 클로브, 초콜릿이 드러난다.

농밀함이 느껴지는 어택, 상당히 풍부한 단맛이 있다. 신맛은 부드럽고 산도는 조금 낮은 편이다.

48. 프란시스 포드 코폴라 디렉터스 컷 드라이 크릭 밸리 진판델
프란시스 포드 코폴라 【미국 캘리포니아】

조금 짙고 어두운 루비색. 글라스를 기울여 뒤를 비췄을 때 중심부로 글자가 희미하게 보인다.

농후한 향, 진한 색 베리로 만든 콩포트, 클로브나 시나몬과 같은 향신료가 강하다. 스월링하면 향신료의 뉘앙스가 더욱 진해져 리코리스도 나타난다.

풍부함이 느껴지는 어택과 상당한 단맛이 있다. 타닌의 양은 조금 많은 편이다.

50. 본테라 진판델
본테라 【미국 캘리포니아】

중간 정도에서 조금 짙으며 48보다 밝다.

향의 양이 많고 달콤하게 풍기는 향, 살짝 가열한 듯한 달콤한 향이 있다.

단맛이 상당하다. 신맛은 부드럽고 산도는 조금 적은 편이다. 과실의 충실감이 높아 타닌이 많아도 거슬리지 않는다. 풍부한 와인이며 뒷맛으로는 비터 초콜릿을 맛본 듯한 느낌도 든다.

칠레의 별
카르메네르
Carmenere

보르도가 원산지로 필록세라(Phylloxera)라는 해충이 침입하기 전까지는 보르도에서 가장 많이 재배되었다. 지금은 칠레에서 크게 성공한 품종이다.

52. 산타 캐롤리나 카르메네르 리제르바
산타 캐롤리나 【칠레】

조금 짙은 가넷색. 글라스를 기울여 뒤를 비췄을 때 중심부로 글자가 잘 보이지 않는다.

향의 양이 많고 블렉 체리, 블랙 커런트, 달콤하게 풍기는 향, 럼 레이즌과 같은 달콤함이나 베리를 냄비에 넣고 살짝 가열한 듯한 달콤한 뉘앙스가 있다. 어렴풋한 향신료도 느껴진다.

단맛이 있고 부드러운 신맛과 응축감을 느낄 수 있는 풍부한 와인.

51. 비냐 마이포 카르메네르
미냐 마이포
【칠레】

중간 정도에서 약간 짙다. 글라스를 기울여 뒤를 비췄을 때 중심부로 글자가 보인다.

향의 양이 많고 붉은 베리, 레드 커런트, 빨간 앵두, 살짝 불로 가열한 듯한 이미지도 있다. 스월링하면 클로브나 육두구와 같은 매콤달콤한 계열의 향신료, 식물의 초록빛 뉘앙스도 나타난다.

견고한 신맛과 풍부한 과실미가 느껴지는 와인.

53. 로스 바스코스 카르메네르 그랑 리저브
로스 바스코스 【칠레】

조금 짙은 가넷색.

향의 양이 많고 블루베리, 블랙 체리, 달콤한 향이 풍긴다. 스월링하면 베리 계열의 응축된 향이 더 강력하게 나타난다. 달콤 쌉싸래한 계열의 향신료, 유칼립투스에서 유래한 민트의 터치감도 있다.

힘찬 기운, 온화함과 약간의 걸쭉함이 전해지는 어택, 신맛은 부드럽고 산도는 높다. 구조의 크기와 응축감이 느껴진다.

일본에서 탄생한
머스캣 베일리 A
Muscat Bailey A

55. 산토리 재팬 프리미엄 시오지리 머스캣 베일리 A

산토리 시오지리 와이너리 【일본 나가노】

중간 정도보다 약간 짙고 밝은 루비색.
  향의 양이 많고 붉은 베리, 아메리칸 체리의 요소와 충실한 과실향이 느껴진다.
  살짝 온화한 느낌의 어택, 응축된 과실의 단맛이 있다. 부드러운 신맛과 충분한 산도. 타닌의 양은 그리 많지 않다. 발랄함과 과실의 충실감이 좋은 균형을 이루는 와인.

'일본 와인 포도의 아버지'로 불리는 가와카미 젠베가 1927년에 베일리(Bailey)종과 머스캣 함부르크(Muscat Hamburg)종의 교배에 성공해 탄생시킨 품종이다. 비가 많고 습한 일본의 기후에 적합하다.

54. 머스캣 베일리 A 2010

이와노하라 포도원
【일본 니가타】

레드 와인 중에서는 중간 정도보다 약간 더 짙고 조금 어두운 루비색.
  향의 양은 중간 정도로 붉은 베리, 딸기, 붓꽃의 요소가 있다. 스월링하면 달콤한 향과 빨갛고 산뜻한 과실향이 진해진다.
  발랄하고 신선함이 느껴지는 어택, 상쾌한 신맛이 있으며 타닌의 양은 그리 많지 않다. 순수한 과실의 꽉 찬 느낌과 발랄함이 좋은 균형을 이루는 와인.

56. 산토리 재팬 프리미엄 머스캣 베일리 A

토미노오카 와이너리
【일본 야마나시, 나가노】

옅고 밝은 루비색.
  향의 양이 많고 붉은 베리, 딸기, 빨간 앵두, 솜사탕 같은 달콤한 뉘앙스도 느껴진다. 스월링하면 식물적인 요소 중 풀고사리를 연상시키는 향도 나타난다.
  산뜻하고 발랄함이 느껴지는 어택, 타닌의 양은 적다. 발랄하고 매력적인 와인.

힘찬 와인을 만드는
알리아니코
Aglianico

이탈리아 남부에서 많이 재배된다. 화산성 토양을 선호하고 검은빛이 느껴질 만큼 색이 짙다. 향의 양(볼륨)과 타닌이 풍부하며 힘찬 와인을 만드는 품종이다.

독특한 스파이시함이 있는
카리냥
Carignan

원산지는 스페인 아라곤 지방으로 카리네나(Carinena)라고도 불린다. 특히 프랑스 랑그독 루시옹 지방에서 많이 재배되었다. 수확량을 제한하면 산도, 타닌, 색이 풍부한 와인으로 완성된다.

57. 타우라시
페우디 디 산 그레고리오
【이탈리아 캄파니아】

색조가 조금 짙고 디스크는 약간 두껍다.

향의 양이 많고 모렐로 체리(신맛 나는 체리)나 프룬 등 색이 진한 과일의 요소가 있다. 스월링하면 체리 콩포트, 스파이시함, 리코리스, 클로브, 화산성 토양 특유의 재를 연상시키는 미네랄의 느낌이 나타난다.

힘찬 기운이 느껴지는 어택, 타닌의 양은 상당히 많다. 큰 구조감을 가진 이탈리아 남부를 대표하는 최고급 와인.

58. 산타 캐롤리나 스페셜티스 카리냥
산타 캐롤리나
【칠레】

레느 와인 중에서 상당히 짙고 어두운 가넷색. 보랏빛이 많이 감돈다.

유칼립투스에서 유래한 민트의 터치감, 신선한 허브, 블랙 베리, 블랙 커런트, 꽈리, 살짝 가열한 듯한 느낌, 향신료의 요소가 있다. 스월링하면 점차 제비꽃이나 아이리스 등 파란색에서 보라색 계열의 꽃 이미지가 드러난다.

농밀함이 느껴지는 어택과 수렴성이 매우 높은 타닌, 견고한 구조를 갖고 있으며 농후하다.

북이탈리아에서 오랫동안 사랑받아온
바르베라
Barbera

이탈리아 북부의 피에몬테주에서 미국에 이르기까지 널리 분포되어 있다. 산도가 높고 타닌은 부드럽다. 같은 지역에서 많이 재배되는 돌체토와 좋은 대조를 이루는 품종이다.

바르베라와 비교하기 좋은
돌체토
Dolcetto

주로 북이탈리아에서 재배되는 품종. 과실미가 풍부하고 산도가 낮은 것이 특징이다. 같은 북이탈리아에서 재배되는 바르베라와 비교하면 특징을 더 잘 이해할 수 있다.

59. 파파제냐 바르베라 달바 슈페리오레
폰타나프레다
【이탈리아 피에몬테】

중간 정도에서 조금 옅은 루비색.

살짝 말린 과일, 프룬 같은 색이 진한 과일이 잘 무르익은 향. 스월링하면 제비꽃, 아이리스, 블랙 올리브, 나무통, 클로브의 향이 나타난다.

신맛은 약간 날카로운 느낌이며 산도도 높다. 충실한 과실감과 깔끔한 신맛으로 돌체토(60)와 비교하면 바르베라의 아름다운 신맛이 두드러진다.

60. 라 레프레 돌체토 디아노 달바
폰타나프레다
【이탈리아 피에몬테】

조금 짙고 상당히 어두운 가넷색. 글라스를 기울여 뒤를 비췄을 때 중심부로 글자가 잘 보이지 않는다.

블랙 커런트, 블랙베리, 클로브 등의 향이 풍긴다.

신맛은 온화하고 산도는 약간 높다. 과거의 끈적끈적하고 산도가 낮던 돌체토와는 조금 다르다. 농후한 과실감이 있고 입안에서 블랙 커런트를 으깬 듯한 뒷맛의 여운이 남는다.

남아프리카공화국의 교배 품종
피노타지
Pinotage

남아프리카공화국에서 피노 누아와 생소(Cinsault)를 교배해 탄생시킨 독자적인 품종이다. 독특하고 개성적인 향을 갖고 있어 풍미가 아주 매력적인 와인을 만든다.

61. 캐시드럴 셀러 피노타지
KWV
【남아프리카공화국】

조금 짙고 밝은 가넷색.
 향의 양이 많고 붉은 베리, 아메리칸 체리, 스파이시함도 있다. 스월링하면 향이 한층 진해지고 블랙베리, 클로브 등 달콤 쌉싸래한 계열의 향신료, 생고기, 피노타지 특유의 흙냄새는 아주 약간 나타난다.
 온화함과 매끄러움이 느껴지는 신맛, 부드러운 과실의 충실감과 진함이 있는 와인.

이탈리아 중부에서 많이 재배되는
람브루스코
Lambrusco

이탈리아 중부 에밀리아 로마냐주에서 약발포성 레드 와인 '람브루스코'를 만들기 위해 많이 재배되는 품종.
60가지 이상의 아종이 있으며 대부분 발랄하고 마시기 좋은 와인으로 완성된다.

62. 타베넬로 람브루스코 에 밀리아 로소
카비로 【이탈리아 에밀리아 로마냐】

소금 옅고 밝은 루비색.
 향의 양은 약간 적은 편으로 붉은 베리, 딸기, 산딸기, 달콤한 뉘앙스가 있다. 스월링하면 달콤하게 풍기는 향, 구기자의 요소가 나타난다.
 발랄하고 산뜻하며 신선함이 느껴지는 어택. 잔류 당분의 단맛이 명확하다. 타닌의 양은 그리 많지 않으며 산뜻해서 마시기 좋다.

127

백포도의 제왕
샤르도네
Chardonnay

최상의 와인이 될 수 있는 품종 중 하나. 비교적 냉량한 석회질 토양을 선호하지만 전 세계 곳곳에서 자라고 있으며 재배하기 어려운 편은 아니다. 포도송이는 원통형이고 알은 작다. 과피는 호박색을 띤 노란색이다.

■ **주요 생산지**
프랑스 부르고뉴 지방
샹파뉴 지방
미국
호주
이탈리아
남아프리카공화국 등

■ **와인의 특징**
본래 갖고 있는 개성이 많지 않은 것이 특징이지만 나무통 숙성, 바토나주 등의 기법으로 다양한 개성을 가진 와인이 된다. 나무통과의 친화성이 좋아 많은 생산자가 나무통 숙성 방식을 선택하는 품종.

63. 부르고뉴 샤르도네 라 비네
부샤르 페르 에 피스
【프랑스 부르고뉴】

조금 짙고 주로 연한 노란색이지만 초록빛도 살짝 감돈다.

향의 양은 중간 정도에서 적은 편으로 꿀사과, 하얀색 꽃의 요소가 있다. 스월링하면 달콤한 향이 넓게 퍼진다.

상쾌하고 둥글둥글한 느낌의 온화한 어택, 신맛은 부드럽고 산도는 풍부하다. 적당한 두께감이 있으며 숙성된 포도의 감칠맛과 신맛이 좋은 균형을 이루는 와인.

64. 푸이 퓌세 퀴베 암펠롭시스
도멘 소메즈 미슐랭
【프랑스 부르고뉴 푸이 퓌세】

화이트 와인 중에서 살짝 짙은 편으로 주로 노란색에 금색 색조를 띤다.

향의 양이 풍부하고 꿀사과, 인동꽃, 아카시아, 벌꿀의 요소가 있다. 스월링하면 능소화, 크고 하얀 꽃, 팽 그릴 향도 나타난다.

처음에 느껴지는 달콤함은 잔류 당분이 아닌 완숙 상태의 단맛이다. 풍부한 바디감, 깔끔한 신맛, 복잡성과 미네랄이 가득 느껴지는 와인.

65. 카리아 샤르도네
스택스 립 와인 셀라
【미국 캘리포니아 나파 밸리】

샤블리(67)보다 조금 옅고 초록빛이 많이 감돈다. 과거에 나무통 색깔이 착색되던 샤르도네와 캘리포니아산 샤르도네를 혼동하지 않도록 주의해야 한다.

향의 양이 많고 바닐라, 버터, 복잡하고 달콤한 향이 풍긴다.

충분히 익은 포도의 농밀함과 신맛의 균형감이 적절하다. 복잡성과 긴 여운을 갖는 와인.

67. 윌리엄 페브르 샤블리
윌리엄 페브르
【프랑스 부르고뉴 샤블리】

조금 옅고 주로 노란색에 초록빛이 약간 많이 감돈다. 향의 양은 적은 편으로 레몬이나 라임과 같은 시원한 이미지를 연상시키는 감귤 계열의 향, 푸른 사과의 요소가 있다. 스월링해도 향이 많이 퍼지지 않고 샤블리산 와인다운 석회질의 미네랄 향이 나타난다.

가녀린 바디, 깔끔한 신맛, 우아함을 갖추고 있으며 풍부한 미네랄이 느껴진다.

66. 산토리 재팬 프리미엄 다카야마무라 샤르도네
산토리 시오지리 와이너리 【일본 나가노】

중간 색조. 주로 노란색에 약간의 초록빛이 감돈디. 향의 양은 소금 적은 편으로 잘 익은 사과, 하얀색 꽃, 바닐라의 요소가 있다. 스월링하면 향이 퍼져 프렌치 오크의 뉘앙스와 팽 드 미 향이 올라온다.

상쾌한 어택, 신맛에서는 차분함과 발랄함이 느껴진다. 미디엄 바디지만 단단한 근육질을 연상하게 한다. 포도가 가진 순수한 응축감과 나무통의 풍미가 좋은 균형을 이루는 와인.

68. 뫼르소 쥬느브리에르
도멘 부샤르 페르 에 피스
【프랑스 부르고뉴 코트 드 본】

조금 깊고 주토 노란색이지만 초록빛도 살짝 감돈다.

향의 양이 풍부하고 복잡하다. 꿀사과, 아카시아 향이 느껴진다.

신맛에서는 온화함과 기품이 느껴지며 산도는 상당히 높다. 큰 구조를 가지며 복잡하고 감칠맛 가득한 풍미가 있다. 세련된 신맛과의 균형감이 탁월하고 풍부한 미네랄이 느껴지는 긴 여운이 지속된다.

69. 카테나 샤르도네
카데나
【아르헨티나 멘도사】

화이트 와인 중에서 중간 정도거나 조금 짙은 편이며 주로 노란색에 금색 색조를 띤다.

향의 양은 중간 정도로 구운 아몬드, 바닐라, 꿀사과, 고무 느낌이 있다.

폭신한 바디감, 온화하며 풍부하면서도 약간 낮은 산도가 어우러져 풍만하고 농밀한 이미지를 연상하게 한다.

70. 블랑 드 블랑
알리오
【프랑스 샹파뉴】

스틸 와인은 아니지만 샤르도네를 이야기할 때 샴페인 블랑 드 블랑을 빠뜨릴 수 없다.

레몬이나 라임과 같은 시원한 이미지를 연상시키는 감귤 계열의 향, 푸른 사과의 상쾌함이 있다. 시간이 지날수록 팽 그릴의 고소한 향과 석회질의 미네랄 향, 달콤한 꿀의 터치감이 나타난다.

깔끔한 신맛이 있으며 기품이 느껴지는 와인.

Column

집에서 보관할 때는 온도 변화가 적은 곳을 선택해야 한다

◆

집에서 장기간 와인을 보관할 때는 어떤 장소를 선택해야 할까요. 와인에 가장 치명적인 영향을 미치는 것은 온도 변화입니다. 와인 셀러(저장고)가 없다면 온도 변화의 영향이 적은 장소를 찾아봅시다. 장소를 찾을 때 유의해야 할 포인트는 다음과 같습니다.

① 생활 공간과 떨어져 있고 진동이 많지 않은 곳
② 햇볕이 들지 않는 곳
③ 온도 변화가 적은 곳
④ 적절한 습기가 있는 곳

단독 주택이라면 마루 밑의 수납 공간이나 흙으로 만든 창고에 보관하는 방법을 추천합니다. 북향 방의 수납공간이나 벽장(이불 사이), 햇볕이 들지 않는 창고에 보관해도 좋습니다. 또 냉장고 채소칸을 살짝 높은 온도로 설정해 두면 와인 셀러처럼 사용할 수 있습니다.

황금빛 광채의
소비뇽 블랑
Sauvignon Blanc

냉량한 기후에서 온난한 기후까지 넓은 지역에서 자라는 품종이지만 토양은 석회질을 선호한다. 잎사귀는 작고 잔잎이 5갈래로 약간 깊이 갈라져 있으며 밝은 초록색을 띤다. 포도송이는 거꾸로 뒤집힌 원뿔형으로, 알은 작고 완전히 익으면 황금색이 된다.

■ **주요 생산지**
프랑스 보르도 지방
루아르 지방
뉴질랜드
칠레
호주
미국 등

■ **와인의 특징**
향에는 메톡시피라진(Methoxypyrazines)이라는 물질이 있어 블랙 커런트 새순과 같은 초록빛 뉘앙스가 느껴진다. 이 향이 다른 요소와 만나면 감귤 계열이나 허브 향으로 나타난다.

71. 상세르 블랑
도멘 뒤 노제
【프랑스 루아르 상세르】

화이트 와인 중에서 조금 옅고 초록빛이 약간 많이 감돈다. 깨끗하고 광채가 있다. 아주 조금이지만 가스도 있다. 향의 양은 약간 적은 편이고 감귤 계열, 푸른 사과를 연상시키는 상쾌한 향이 풍긴다. 스월링하면 달콤한 향으로 변화되면서 푸른 사과가 붉은 사과의 이미지로 바뀐다.
산뜻한 어택, 신맛은 시원하고 상쾌하며 산도는 조금 높은 편이다. 석회질의 미네랄 뉘앙스도 있다.

72. 샤토 카르보니외
샤토 카르보니외
【프랑스 보르도 페삭 레오냥】

화이트 와인 중에서는 상당히 짙고 약간의 금색 색조와 희미한 초록빛이 감돈다.
향의 양이 많고 달콤한 뉘앙스, 바닐라, 스파이시함이 느껴진다. 스월링하면 나무통 향이 한 층 진해지며 아몬드의 고소함과 서양배의 향이 드러난다.
온화하고 풍부한 느낌의 어택, 신맛은 부드럽고 산도는 조금 낮은 편이다. 와인을 삼킨 후 입안에 팽 그릴 향이 되돌아온다.

73. 산토리 재팬 프리미엄 아즈미노 소비뇽 블랑

산토리 시오지리 와이너리 [일본 나가노]

화이트 와인 중에서는 상당히 옅으며 약간의 노란색을 띤다. 희미하지만 초록빛도 있다.

향의 양이 아주 많은데 특히 감귤 계열 향의 요소가 많다. 약간의 초록빛 뉘앙스와 상쾌함이 전해진다. 푸른 사과도 살짝 드러난다.

신선하고 발랄한 어택, 깔끔함이 돋보이는 드라이한 맛으로 긴장감이 느껴지는 기품 있는 와인.

75. 퓌메 블랑 소노마 카운티

샤토 생 진 [미국 캘리포니아]

화이트 와인 중에서는 중간 성노로 짙고 주로 노란색이지만 초록빛도 살짝 감돈다.

향의 양은 중간 정도이며 완숙 사과를 연상하게 하는 달콤한 터치감이 있다. 스월링하면 달콤한 향이 강해져 배나 감귤 계열의 마르멜로(유럽 모과)도 살짝 나타난다. 그을린 듯한 터치감이 느껴지던 과거의 퓌메 블랑이 아니라는 점에 주의해야 한다.

74. 소비뇽 블랑

도그 포인트 빈야드 [뉴질랜드 말보로]

글라스에 채운 상태에서 느껴지는 향의 양이 상당히 많다. 감귤 계열이나 블랙 커런트 새순 등 초록빛 뉘앙스가 있다. 소비뇽 블랑의 초록빛 이미지를 연상하게 하는 향이 강조되는 전형적인 유형의 와인. 상쾌함과 잘 익은 포도의 향을 함께 지니고 있다.

신맛은 깔끔하고 산도는 높다. 미네랄감이 적고 살짝 쏩쓰레한 뒷맛이 느껴진다.

76. 로스 바스코스 소비뇽 블랑

로스 바스코스 [칠레]

화이트 와인 중에서는 상당히 옅은 편이지만 73보다는 꽤 짙고 초록빛이 약간 많이 감돈다.

향의 양이 상당히 많고 블랙 커런트 새순 등 초록빛 이미지가 강하며 감귤 계열 향도 느껴진다.

탄탄하고 깔끔하며 기분 좋은 신맛에 산도는 꽤 높다. 살짝 쏩쓰레한 뒷맛이 느껴진다.

북쪽의 고귀한 품종
리슬링
Riesling

화이트 와인용 품종 중에서도 최상의 와인이 될 수 있는 품종 중 하나다. 점판암 토양과 냉랭한 기후를 선호하지만 온난한 곳에서도 자란다. 잎사귀는 중간 정도 크기로 잔잎이 3갈래 또는 5갈래로 얕게 갈라져 있으며 대체로 원형이다. 색은 진한 초록색이다. 포도알은 작고 밝은 초록색에서 노란색을 띤다.

■ 주요 생산지
독일
프랑스 알자스 지방
호주 등

■ 와인의 특징
품종 고유의 독특한 향으로는 페트롤이라 불리는 석유 향과 백도나 황도 향이 있다. 가스를 남겨 싱싱함을 유지하는 생산자가 많아 이번에 시음한 6가지 와인에도 모두 기스가 포함되어 있었다.

77. 리슬링 트로겐
바인굿 로버트 바일
【독일 라인가우】

화이트 와인 중에서는 중간 정도거나 약간 옅으며 주로 노란색이지만 초록빛도 살짝 감돈다. 깨끗하고 빛나는 듯한 투명도에 가스는 상당히 많다. 향의 양은 중간 정도로 꿀사과, 백도 등의 요소가 나타난다. 맛 표기에는 'Trocken(드라이한 맛)'이라고 기재되어 있지만 희미한 잔류 당분이 느껴진다. 신맛이 깔끔하고 산도는 상당히 높다. 견고하고 준엄한 이미지가 느껴지는 와인. 미네랄감이 있는 깨끗한 여운이 지속된다.

78. 리슬링 퀴베 테오
도멘 바인바흐
【프랑스 알자스】

색조가 조금 짙고 디스크는 살짝 두껍다.
글라스에 채운 상태에서 느껴지는 향의 양이 상당히 많고 백도와 약간의 페트롤 향이 느껴진다. 스월링하면 서서히 부풀어 복잡성이 강해지고 백도는 황도로 이미지가 바뀐다.
둥글둥글한 느낌의 온화한 어택을 가지며 처음에 살짝 달콤함이 느껴진다. 신맛은 부드럽고 산도는 꽤 높다. 구조감이 큰 와인.

79. 리슬링 바그람
프리츠
【호주】

화이트 와인 중에서 중간 정도이거나 조금 짙다. 주로 노란색에 초록빛이 희미하게 감돈다.

글라스에 채운 상태에서 느껴지는 향의 양이 상당히 많고 페트롤, 상쾌한 감귤 계열, 인동꽃 향이 풍긴다. 스월링하면 달콤한 터치감, 꿀이나 아카시아 향이 진해진다.

깔끔한 신맛에 산도는 꽤 높다. 견고한 광물질의 뉘앙스를 가진 와인.

81. BIN 51 에덴 밸리 리슬링
펜폴즈
【호주】

화이트 와인 중에서 조금 짙은 편이다.

향의 양이 상당히 많고 또렷한 페트롤 향과 팽그릴이나 스파이시함, 특히 백후추의 이미지가 있다. 스월링하면 콩포트로 만든 서양배, 꿀, 인동꽃 등도 나타난다.

구조가 크고 규모감 있는 와인으로 리슬링다운 견고한 광물질의 뉘앙스가 있다. 미네랄의 쌉쓰레한 뒷맛이 느껴진다.

80. 베른카스텔러 독토 리슬링 카비넷
닥터 타니쉬
【독일 모젤】

향의 양은 조금 많고 백도의 뉘앙스가 강하다. 하얀 장미나 백합, 마리골드(금잔화) 등 노란색 꽃의 요소도 나타난다. 스월링 후 잠시 시간이 흐르면 페트롤 향이 살며시 모습을 드러낸다.

처음에 달콤한 맛이 강하게 느껴지다 깔끔한 신맛을 만나 '산도와 당도'의 조화가 균형감을 이루는 리슬링의 표본과도 같은 구조감이 있다.

82. 콜드 크릭 빈야드 리슬링
샤토 생 미셸
【미국 워싱턴】

향의 양은 적은 편으로 백도, 노란 사과, 안개꽃이 떠오른다. 스월링하면 달콤한 향이 진해져 타르트 타탱의 이미지도 나타난다. 잠시 시간이 지나면 옅은 페트롤 향도 올라온다.

잔류 당분이 느껴지며 신맛은 깔끔하고 산도도 탄탄하다. 꽉 찬 신맛과 단맛이 좋은 균형을 이루는 와인.

향이 풍부한 품종
스파이시함의 의미를 일깨워주는
게뷔르츠트라미너
Gewürztraminer

비교적 냉량한 기후와 점토질 토양을 선호한다. 잎사귀는 짙은 초록색을 띠며 포도알이 작고 완숙하면 과피가 핑크색에서 연한 보라색으로 바뀐다. 그래서 파란색 꽃의 이미지가 떠오르기도 한다. 귀부 와인으로 만들어질 때가 많다.

■ **주요 생산지**
독일
프랑스 알자스 지방
호주 등

■ **와인의 특징**
품종 고유의 독특한 향으로는 페트롤이라 불리는 석유 향과 백도나 황도 향이 있다. 가스를 남겨 싱싱함을 유지하는 생산자가 많아 이번에 시음한 6가지 와인에도 모두 가스가 포함되어 있었다.

83. 게뷔르츠트라미너 퀴베 테오
도멘 바인바흐
【프랑스 알자스】

화이트 와인 중에서는 상당히 짙고 약간의 금색 색조를 띤다. 디스크는 꽤 두껍다.

향의 양이 꽤 많으며 벌꿀같이 달콤한 뉘앙스, 화사함과 스파이시함이 있다. 스월링하면 리치 향이 나타난다. 하얀 장미, 벌꿀, 재스민, 백단향, 백후추 향이 올라온다.

온화하고 풍부한 느낌의 어택, 부드러운 신맛에 산도는 적당하거나 조금 낮은 편이다.

84. 산트 발렌틴 알토 아디제 게뷔르츠트라미너
산 미켈레 아피아노
【이탈리아 트렌티노 알토 아디제】

색조가 상당히 짙고 디스크는 약간 두꺼운 편이다.

글라스에 채운 상태에서 느껴지는 향의 양이 상당히 많고 처음부터 리치 향이 나타난다. 하얀 색 꽃, 밀감꽃, 화사함과 스파이시함도 있다.

온화하고 풍부한 느낌의 어택, 드라이하지만 처음에는 달콤함이 느껴진다. 신맛은 부드럽고 산도는 낮으며 씁쓰레한 여운이 남는다.

향이 풍부한 품종
금빛으로 반짝이는 아르헨티나의 스타
토론테스
Torrontes

말벡과 어깨를 나란히 하는 아르헨티나 대표 품종으로 아르헨티나의 명주를 만들어낸다. 잎사귀도 송이도 모두 큼직하고 포도알은 노란빛을 띤 초록색이며 완숙하면 금빛으로 반짝인다.

■ **주요 생산지**
아르헨티나

■ **와인의 특징**
포도 상태일 때부터 힘찬 향을 갖고 있어 와인으로 만들어진 후에도 풍부한 향이 올라온다. 하얀 백합, 하얀 장미, 벌꿀, 리치, 사과, 재스민, 황도, 머스캣 향이 느껴진다.

85. 카테나 알라모스 토론테스
카테나
【아르헨티나】

조금 짙고 노란색이 지배적이지만 초록빛도 많이 감돈다.

글라스에 채운 상태에서 느껴지는 향의 양이 상당히 많고 하얀 장미, 달콤한 이미지의 향이 느껴진다. 스월링하면 벌꿀, 화사함, 살짝 불로 가열한 사과, 스파이시함, 리치 같은 뉘앙스도 나타난다.

신맛은 부드럽고 산도는 조금 낮은 편이다. 두께감이 있으며 힘찬 와인.

86. 트리부 토론테스
트리벤토
【아르헨티나 멘도사】

화이트 와인 중에서 상당히 옅고 초록빛이 약간 많이 감돈다.

향의 양이 많고 황도나 리치 같은 뉘앙스가 있다. 스월링하면 꿀의 터치감이 강해지고 재스민을 연상시키는 향도 나타난다.

어택은 발랄하고 힘찬 기운이 함께 느껴진다. 온화함과 경쾌함을 겸비하고 적당한 두께감을 가진 와인.

향이 풍부한 품종
식용으로도 자주 접하는
머스캣
Muscat

오래된 품종으로 원산지를 특정할 수 없다. 이름은 사향(머스크)에서 유래되었다고 한다. 주로 황록색이나 황금색을 띠는 백포도지만 흑포도로도 많이 나는 품종이다. 송이나 알의 크기도 다양하다.

■ **주요 생산지**
이탈리아
프랑스 남부
스페인
그리스를 비롯한 세계 각지

■ **와인의 특징**
향의 양이 조금 많은 편이다. 본래 포도가 지닌 아주 특징적인 머스캣 향이 와인에서도 그대로 느껴지므로 구분하기 쉽다. 노란색 꽃, 황도, 하얀색 꽃의 뉘앙스도 있다. 색조는 밝은 초록빛이 많이 감돈다.

87. 뮈스카 리저브
F.E. 트림바흐
【프랑스 알자스】

상당히 옅고 초록빛이 약간 많이 감돈다.
향의 양이 조금 많고 달콤한 이미지, 노란색 꽃, 황도 콩포트, 리치 향이 올라온다. 스월링하면 리치의 색조가 강해진다.
온화함이 크게 느껴지는 풍부한 어택, 신맛은 깔끔하고 산도는 꽤 높다. 과실에서 유래된 달콤함이 우아한 신맛과 균형을 이루어 드라이한 맛이 나는 와인.

88. 체레토 모스카토 다스티
체레토
【이탈리아 피에몬테】

조금 짙고 수로 노란색에 초록빛이 약간 많이 감돈다. 머스캣의 순수한 향이 진하게 피어오른다. 잠시 시간이 흐르면 달콤함, 화사함, 하얀색 꽃, **배 콩포트**의 향이 올라온다.
달콤함이 제법 강하다. 풍부하고 꽉 채워진 달콤함이다. 뒷맛으로는 머스캣의 껍질을 씹은 듯한 가벼운 떫음이 느껴진다.

향이 풍부한 품종
태양을 좋아하는
비오니에
Viognier

프랑스 론 지방이 원산지로 알려져 있으며 론에서는 화이트 와인의 명주를 만들어낸다. 미국이나 호주에서도 생산량이 늘고 있다. 수확량이 적고 일조가 완벽해야만 무르익기 때문에 재배하기 어려운 품종이다.

■ **주요 생산지**
프랑스 론 지방
미국
호주 등

■ **와인의 특징**
향이 풍부하고 재스민이나 하얀색 꽃, 꿀이나 하얀색 향신료의 뉘앙스가 있다. 두께가 두껍고 여운이 긴 와인으로 완성되며 신맛이 적게 느껴진다. 온난한 곳에서 재배되므로 점성이 강한 와인도 있다.

89. 콩드리외
이 기갈
【프랑스 코트 뒤 론】

조금 짙고 약간의 노란색과 초록빛이 감돈다.
향의 양이 많고 서양배 콩포트, 모과나 황도 등 노란 과실의 요소가 있다. 스월링하면 향이 강해져 화사함, 태운 듯한 느낌, 잘 익은 듯한 뉘앙스, 꿀의 느낌, 열대 과일, 하얀색 향신료 향이 올라온다.
박력 있는 어택, 산도는 조금 낮은 편이다. 매끄럽고 풍부한 볼륨감과 두께감이 느껴지는 와인.

90. 본테라 비오니에
본테라
【미국 캘리포니아】

조금 짙고 주로 노란색에 금색 색조를 띤다.
향의 양이 조금 많고 하얀색 꽃, 백도, 모과, 펜넬의 요소가 있다. 스월링하면 향이 자연스럽게 퍼져나간다. 또 통통한 이미지가 연상된다.
온화하고 둥글둥글하며 걸쭉함이 있는 어택을 가지며 처음에는 제법 달콤함이 느껴진다. 부드러운 신맛에 산도는 낮은 편이다. 뒷맛으로 상당히 쓴맛이 느껴진다.

향이 적당한 품종

따스함이 느껴지는
피노 그리, 피노 그리지오
Pinot Gris, Pinot Grigio

잎사귀는 짙은 초록색을 띠며 포도송이는 작지만 길고 포도알이 익으면 과피가 핑크색에서 연한 보라색으로 바뀌는 그리 계열의 품종이다. 완숙한 포도를 사용하면 포도의 색이 와인에 그대로 나타나기도 한다.

■ **주요 생산지**
이탈리아
독일
프랑스 알자스 지방
루마니아
헝가리 등

■ **와인의 특징**
향으로는 노란 과일, 살구(애프리코트), 황도, 하얀색에서 노란색 꽃, 벌꿀의 뉘앙스가 느껴진다. 두께감 있는 부드러운 와인으로 완성될 때가 많지만 다 익기 전에 수확한 포도로 만들면 상쾌한 감귤 계열의 향을 느낄 수 있는 산뜻한 와인이 되기도 한다.

91. 산트 발렌틴 알토 아디제 피노 그리지오
산 미켈레 아피아노
【이탈리아 트렌티노 알토 아디제】

조금 짙고 주로 노란색에 초록빛이 살짝 감돈다. 노란 사과, 하얀색 꽃 향이 풍긴다. 스월링하면 사과를 불로 살짝 가열한 듯한 달콤한 느낌에서 타르트 타탱의 향이 나타난다. 팽 드미같이 효모의 요소도 드러난다.

입에 머금으면 가장 먼저 달짝지근함이 느껴지면서 완숙한 과일의 이미지가 떠오른다. 산도는 조금 낮은 편이다. 뒷맛으로는 많이 달지 않은 마멀레이드의 쌉쓰레함이 느껴진다.

92. 피노 그리 리저브 파티큘리에
멘 바인바흐
【프랑스 알자스】

상당히 짙고 살빛에서 살짝 붉은빛이 감돈다. 새 동전의 구릿빛이 느껴진다. 향의 양이 조금 많고 아카시아 꿀, 황도, 파인애플, 마르멜로의 향이 풍긴다. 온화하고 풍부한 느낌의 어택을 가지며 처음에는 제법 달콤함이 느껴진다. 부드러운 신맛에 산도는 낮은 편이다. 구조감이 큰 와인.

향이 적당한 품종
노란빛이 감도는
슈냉 블랑
Chenin Blanc

프랑스 루아르 지방에서 많이 재배되는 품종. 남아프리카공화국이나 캘리포니아에서도 성공적으로 재배되고 있다. 송이가 크고 꽃자루(화경)가 두꺼우며 과피는 단단하다. 과립에 수분이 많이 함유되어 있는 것이 특징이다.

94. 부브레 리치
마크 브레디프
【프랑스 루아르 부브레】

조금 짙고 주로 노란색에 초록빛이 살짝 감돈다.

벌꿀, 황도 콩포트, 파인애플 향이 느껴진다. 스월링하면 부드럽게 잘 익은 듯한 느낌, 모과나 마멀레이드, 고소함도 있으며 타르트 타탱의 이미지도 떠오른다.

온화함이 크게 느껴지는 풍부한 어택과 깔끔한 신맛을 갖고 있다. 달콤함뿐 아니라 우아한 신맛도 있어 좋은 균형감을 이룬다.

93. 부브레
마크 브레디프
【프랑스 루아르 부브레】

화이트 와인 중에서 조금 옅고 초록빛도 감돈다. 향으로는 서늘한 지역에서 자란 감귤 계열, 모과, 노란 사과, 하얀색 꽃의 요소가 느껴진다. 스월링하면 망고 같은 열대 과일의 이미지도 나타난다. 처음에 살짝 달콤함이 올라오면서 희미한 잔류 당분도 느껴지다가 깔끔한 신맛의 영향으로 드라이하게 바뀐다. 전체적으로 보면 드라이한 맛이지만 입에 머금는 순간 당분에서 유래된 달콤함이 느껴진다.

95. 슈냉 블랑 화이트
KWV
【남아프리카공화국】

화이트 와인 중에서는 옅고 주로 노란색에 약간의 살빛이 느껴지며 초록빛도 살짝 감돈다.

향의 양이 많고 모과 등 노란 과실 향이 있다. 스월링하면 향의 양이 많아져 꿀의 느낌, 열대 과일의 뉘앙스, 하얀 과육, 향신료의 요소가 나타난다.

상쾌하고 온화한 신맛이 있다. 달콤함과 신맛의 균형감을 갖춘 적당한 볼륨감을 지닌 와인.

향이 적당한 품종
두께감과 무게감을 가진
세미용
Sémillon

냉량한 기후에서 온난한 기후, 자갈 섞인 점토질에서 석회질 토양까지 비교적 폭넓은 환경에서 자라는 품종. 포도송이와 알 모두 중간 정도 크기로, 과피는 황금색에서 완전히 익으면 핑크색으로 변한다.

97. 싱글 빈야드 스티븐스 헌터 세미용
티렐스 와인즈 【호주】

화이트 와인 중에서는 중간 정도에서 조금 옅다. 구운 고무, 수지 계열의 향이 강하고 황도나 복숭아 콩포트의 향도 있다. 호주산 세미용다운 향이 느껴진다.
다소 온화함이 느껴지는 어택, 신맛은 부드럽지만 산도는 꽤 높다. 약간의 잔류 당분이 있으나 높은 산도의 영향으로 견고한 느낌의 드라이한 맛으로 바뀐다.

96. R 드 리외세크
샤토 리외세크
【프랑스 보르도】

중간 정도에서 조금 짙다. 주로 노란색에 금색 색조를 띠며 초록빛도 살짝 감돈다.
향의 양이 조금 많고 달콤함, 완숙한 감귤 계열, 밀감꽃의 요소가 느껴진다. 스월링하면 달콤한 향이 퍼지면서 인동꽃, 밀감꽃 향이 더욱 피어오른다. 드라이한 맛을 갖춘 과거의 귀부 와인에서 흔히 나타나던 비누 향은 지금은 거의 느껴지지 않는다. 처음에 달콤함이 느껴지지만 잔류 당분은 아니다. 드라이한 맛으로 안정감 있는 와인.

98. 카르메스 드 리외세크
샤토 리외세크
【프랑스 보르도 소테른】

세미용 80%, 소비뇽 블랑과 뮈스카델 20%. 색이 짙고 금색 색조를 띤다.
향의 양이 조금 많으며 황도 같은 달콤함, 인동꽃의 요소가 있다. 스월링하면 달콤한 향이 더욱 피어오르고 아카시아 벌꿀, 나무통 향, 고소한 뉘앙스, 백후추 향이 나타난다.
농밀함이 느껴지는 어택, 산도는 적당하다.

향이 적당한 품종

대서양 해안의 시원한 기운을 받고 자란

알바리뇨
Albariño

스페인에서 포르투갈에 걸쳐 재배되고 있으며 특히 리아스 바이사스가 유명하다. 포도 송이는 작고 알은 중간 정도이며 껍질이 두꺼워 쉽게 부패되지 않는 품종이다. 향이 풍부한 와인으로 완성된다.

99. 비온타 알바리뇨
보데가스 비온타
【스페인 리아스 바이사스】

　색조가 조금 짙고 연한 노란색에 초록빛이 살짝 감돈다. 평균적인 리아스 바이사스산 알바리뇨보다 짙다.
　푸른 사과에서 노란 사과를 떠오르게 하는 향. 시간이 지나 온도가 올라가면 꿀을 연상하게 하는 터치감도 나타난다. 복숭아나 배, 하얀색 꽃 향도 풍긴다.
　온도가 올라가면 온화함도 드러나지만 기본적으로는 깔끔함과 기품이 느껴는 와인.

 향이 은은한 품종

발랄하고 상쾌한

뮈스카데
Muscadet

물롱 드 부르고뉴(Melon de Bourgogne)라는 별명처럼 부르고뉴가 원산지다. 주로 프랑스 발 드 루아르(루아르 밸리) 지방에서 재배되는 품종으로 추위를 견디는 내한성을 갖고 있다. 잎사귀는 둥글고 송이는 중간 정도 크기로 포도알은 작으며 과피는 두껍다.

100. 뮈스카데 세브르 에 멘 퀴베 셀렉션 데 코녜트
도멘 데 코녜트 【프랑스 루아르】

　화이트 와인 중에서 조금 옅지만 이 와인은 장기 숙성형 뮈스카데이므로 일반적인 뮈스카데보다 색이 조금 더 진하다. 초록빛도 살짝 감돈다.
　향의 양은 적은 편으로 푸른 사과, 레몬, 라임 등 산뜻한 감귤 계열의 과실향이 풍긴다. 스월링하면 팽 드미 같은 효모에서 유래된 향도 약간 올라온다.
　매우 드라이한 맛으로 깔끔함이 느껴지며 상쾌한 신맛이 있다. 여운은 다소 짧은 편이다.

향이 은은한 품종
농밀한 풍미의
피노 블랑
Pinot Blanc

피노 누아의 변이종으로 중앙 유럽, 프랑스 알자스 지방, 독일, 이탈리아, 동유럽 등에서 많이 재배되고 있다. 특별히 개성적인 향은 없다.

101. 피노 블랑 리저브
도멘 바인바흐
【프랑스 알자스】

화이트 와인 중에서 중간 정도나 소금 넣고 주로 노란색에 약간의 금색조를 띤다.
향의 양은 중간 정도로 완숙 과일, 백도 향이 올라온다. 스월링하면 달콤한 향이 강해져 아카시아 같은 벌꿀의 뉘앙스가 나타난다.
온화하고 풍부한 느낌의 어택을 가지며 처음에 달콤함이 느껴진다. 잔류 당분이 조금 많다. 부드러우며 적당한 바디감이 있고 상쾌한 신맛을 가진 와인.

 향이 은은한 품종
숲의 수호신이란 뜻을 가진
실바너
Sylvaner

독일에서 동유럽, 프랑스 알자스 지방 등지에서 재배되고 있다. 특히 독일 프랑켄에서 생산되는 품질이 우수하다. 남성적인 드라이한 와인이 유명하지만 스위트한 와인도 생산되고 있다.

102. 뷔르츠부르크 압츨레이테 실바너 트로켄
뷔르거슈비탈 【독일 프랑켄】

상당히 옅고 초록빛이 꽤 많이 감돈다.
향의 양이 많고 완숙한 감귤 계열, 미네랄의 요소가 있다. 스월링하면 살구 콩포트, 금귤 설탕 절임, 망고 향이 풍긴다.
드라이하지만 처음에 약간의 달콤함이 느껴진다. 아주 개운한 신맛에 산도도 상당히 높다. 미네랄에서 유래된 쌉쓰레한 뒷맛이 풍미를 돋운다.

향이 은은한 품종
부담 없이 즐길 수 있는 캐주얼한
트레비아노
Trebbiano

프랑스에서는 위니 블랑이나 생테밀리옹로 불린다. 프랑스와 이탈리아의 백포도 재배 면적 1위에 해당하는 품종이다. 코냑의 주원료로도 사용된다.

103. 소마 트레비아노 다브루초
키우사 그란데
【이탈리아 아브루초】

화이트 와인 중에 중간 정도거나 조금 옅은 편이다. 향의 양은 중간 정도로 레몬 같은 상쾌한 감귤 계열 향이 올라온다. 스월링해도 크게 복잡해지지 않는다.

드라이하지만 처음에 약간의 달콤함이 느껴진다. 신맛은 부드럽고 산도는 낮은 편이다. 입안에서 느껴지는 감촉이 경쾌하고 완숙한 포도의 온화함과 부드러움이 좋은 균형을 이루는 와인.

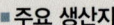 **주요 생산지**
프랑스 코냑 지방
아르마냑 지방
이탈리아 등

■ **와인의 특징**
발랄하고 캐주얼한 와인. 감귤 계열 향으로 산도는 낮은 편이다. 이탈리아 각지에서 아종이 재배되어 다양한 개성을 지닌 와인이 탄생했다. 프랑스에서는 증류주용으로 사용된다.

104. 오로비테 몰리세 트레비아노
테레사크레
【이탈리아 아브루초】

화이트 와인 중에 조금 짙고 노란색이 지배적이지만 약간의 금색 색조를 띤다.

향의 양은 중간 정도로 완숙한 이미지, 감귤 계열의 향이 느껴진다. 스월링하면 모과류의 요소가 강하게 나타난다. 차츰 달콤한 향이 더해지면서 서양배 콩포트, 꿀, 인동꽃 향도 올라온다.

드라이하지만 처음에 약간의 달콤함이 느껴진다. 신맛은 부드럽고 산도가 103보다 더 낮다.

향이 은은한 품종
일본을 대표하는 품종
코슈
Kosyu

일본에서 1000여 년에 걸쳐 재배되고 있는 유럽산 포도 품종 비티스 비니페라(Vitis vinifera) 계열의 품종. 완숙하면 과피가 핑크색에서 연한 보라색으로 바뀌는 그리 계열로 완숙한 포도를 사용하면 포도의 색이 와인에 그대로 나타나기도 한다.

106. 그레이스 그리 드 코슈
주오포도주 그레이스 와인
【일본 야마나시】

화이트 와인 중에서 색조가 옅다. 105나 107과 비교하면 확연히 핑크빛이 감돌고 살빛이 느껴진다.

상쾌한 감귤 계열 향과 청초하고 은은한 향이 풍긴다.

산뜻한 어택, 드라이한 맛으로 경쾌함이 있다. 온화하고 상쾌한 신맛과 적당한 산도. 그리 계열다운 씁쓰레한 뒷맛이 느껴지는 와인.

105. 산토리 재팬 프리미엄 코슈
토미노오카 와이너리
【일본 야마나시】

상당히 옅고 노란 색도 초록빛도 희미하다.

향의 양은 적은 편으로 상쾌함을 느끼게 하는 감귤 계열, 푸른 사과, 풀고사리 등의 요소가 있다. 스월링해도 향의 양은 크게 달라지지 않는다. 솜사탕을 연상시키는 향이 있다.

산뜻한 어택에 가벼운 바디, 드라이한 맛으로 상쾌함이 있는 와인이다. 살짝 씁쓰레한 뒷맛이 느껴진다.

107. 산토리 토미노오카 와이너리 토미노오카 코슈
토미노오카 와이너리 【일본 야마나시】

색조 옅은 편으로 105보다 노란색이 진하고 희미하게 살빛도 감돈다. 나무통 숙성을 거쳐 색조가 어둡다.

달콤한 뉘앙스, 무르익은 붉은 사과, 감귤 계열, 바닐라 향이 있다.

온화함이 느껴지는 어택을 가지며 105보다 강하고 힘차다. 코슈다운 깔끔함과 최대한의 늦수확으로 빚어진 응축감이 좋은 균형을 이룬다.

향이 은은한 품종
신맛이 풍부한
알리고테
Aligoté

피노 누아의 변이종으로 원산지는 부르고뉴지만 본가인 프랑스보다 동유럽의 재배 면적이 더 넓고 국가별로는 몰도바가 1위를 차지한다. 향이나 맛에 특별한 개성은 없지만 신맛이 풍부하고 발랄한 느낌의 화이트 와인이 된다.

■ **주요 생산지**
프랑스 부르고뉴 지방
루마니아
몰도바 등

■ **와인의 특징**
냉량한 지역에서는 감귤 계열 향의 과실미와 고급스러운 신맛이 두드러진다.
반면 온난한 지역에서는 달콤한 향의 과실미와 부드러운 신맛이 나타난다. 또 나무통 숙성을 거치면서 생겨난 견과류나 버터 향이 풍긴다.

108. 부르고뉴 알리고테
라보에 루아
【프랑스 부르고뉴】

화이트 와인 중에 조금 짙고 약간 진한 노란색에 초록빛이 희미하게 감돈다. 109보다 2년 오래 되었으며 숙성된 상태이므로 색이 진하다.

향의 양은 적은 편이다. 노란 사과, 서양배, 그레이프프루트 등 감귤 계열의 요소가 있다. 스월링하면 향의 양이 조금 더 풍부해져 살구씨(행인), 견과류 계열의 향도 드러난다.

깔끔한 신맛에 산도는 높다. 가볍고 상쾌하며 드라이한 와인.

109. 부즈롱
도멘 드 빌렌
【프랑스 부르고뉴】

조금 옅고 약간 진한 노란색에 살짝 초록빛이 감돈다. 향의 양은 적은 편으로 노란 사과, 감귤 계열 향이 있다. 스월링하면 살며시 달콤한 향, 인동꽃 향이 풍기고 서서히 벌꿀의 터치감도 나타난다. 어택은 산뜻하지만 108보다는 둥글둥글한 느낌의 온화함이 있다. 깔끔함을 느끼게 해 주는 신맛과 높은 산도를 가지며 가볍지만 충실감이 있다. 그레이프프루트와 같은 쌉싸래한 뒷맛이 느껴진다.

Column 6
샴페인을 발명한 것은 돔 페리뇽이 아니다?!

샴페인은 약 350년 전에 처음 만들어졌습니다. 스틸 와인보다 스파클링 와인의 역사가 짧은 이유는 가스를 밀폐하는 방법과 가스압을 견디는 강도 높은 유리가 없었기 때문입니다.

지금과 같은 스파클링 와인의 탄생은 사실 프랑스가 아닌 영국에서 시작되었습니다. 산업혁명이 일어난 시대에 영국은 석탄을 이용해 가스압을 견딜 수 있는 튼튼한 유리를 만드는 기술을 갖추고 있었습니다. 또 에일 맥주 마개로 코르크를 사용하고 있었기 때문에 가스를 밀폐하는 기술도 보유하고 있었습니다. 당시는 소빙하기로 강이나 운하가 얼어붙을 만큼 날씨가 추워 와인의 발효가 도중에 멈췄는데, 그 미발효 상태의 화이트 와인을 나무통째 런던으로 운반해 병에 채워 밀봉했더니 병 내 2차 발효가 일어나면서 거품이 생기는 와인이 만들어지게 된 것이지요. 이것을 발명한 사람은 영국에서 와인 사업을 운영하던 프랑스 출신의 생 에브흐몽이었습니다. 1660년에는 그가 거품이 있는 화이트 와인을 판매했다는 기록도 남아 있습니다.

그 후 영국 왕실에서도 스파클링 와인을 즐겨 마시게 되었고 소문을 들은 프랑스 왕실의 요청으로 프랑스에도 역수입되었습니다. 그때를 계기로 샹파뉴 지방에서도 본격적으로 오늘날에까지 이르는 샴페인 양조가 시작된 것입니다. 샴페인의 아버지로 유명한 돔 페리뇽의 이름이 역사에 등장한 것은 1668년입니다. 하지만 당시 돔 페리뇽에게 주어진 일은 거품을 없애는 일이었습니다. 훗날 거품이 있는 와인을 만드는 일을 맡게 되지만 아쉽게도 샴페인을 처음 발명한 사람은 아니었던 것이지요.

와인 수입사의 와인 선별법

와인 수입사(임포터)에는 기존 거래처 또는 신규 거래를 희망하는 와인 생산자가 보내는 다양한 샘플 와인이 제공됩니다. 수많은 와인 후보 중에서 적절한 와인을 선별하는 첫 단계는 결점이 있는 것을 찾아 제외하는 작업입니다. 발효 관리가 잘 이루어지지 않은 와인, 나무통의 뉘앙스가 강하고 과실미가 약한 와인 등, 첫 단계에서 많은 와인을 걸러냅니다. 와인을 수입할 때는 기본적으로 생산자 단위로 거래를 맺기 때문에 그 생산자가 갖고 있는 대부분의 라인업 또는 여러 와인을 동시에 수입하게 됩니다. 때로는 한 생산자의 와인 중에서 레드 와인의 품질은 좋지만 화이트 와인의 품질이 고르지 못해 판단에 어려움을 겪기도 합니다. 하지만 품질이 좋은 레드 와인을 높이 평가해 판매의 난항이 예상되는 와인까지 함께 사들이기도 합니다.

그다음 단계로는 제3자를 통해 테이스팅을 진행합니다. 매입을 결정하는 바이어의 취향대로 와인을 고르면 상품 구성의 균형이 깨질 수 있기 때문입니다. 이를테면 와인 초심자 또는 여성들로만 구성된 집단을 대상으로 테이스팅을 진행해 실제 감상평을 듣는 등 다양한 방법으로 객관적인 의견을 모으고 분석해서 와인을 선별합니다.

최종적으로는 책임자가 더 세부적으로 상품의 범위를 좁히고 품질과 생산 현장을 심사합니다. 대부분의 생산자는 수입사에 샘플을 제공할 때 품질에 큰 자부심을 갖지만 그중에는 허가되지 않은 식품첨가물이 사용되거나 유리 조각이 들어 있는 것도 있습니다. 간혹 대규모 수입사의 경우 국내에 마련된 연구소에서 자체적으로 엄격한 품질 검사를 하고 거래를 시작하기에 앞서 현지에 있는 생산 현장을 방문해 생산 라인과 환경을 확인하기도 합니다. 이 과정에서 더러는 거래가 무산되기도 하지요.

Part6
지도로 확인하는 품종의 재배 시작점과 양조법

세계 여러 나라에 널리 분포된 품종의 재배 시작점을 지도로 확인한다.
와인의 양조법도 함께 살펴보자.

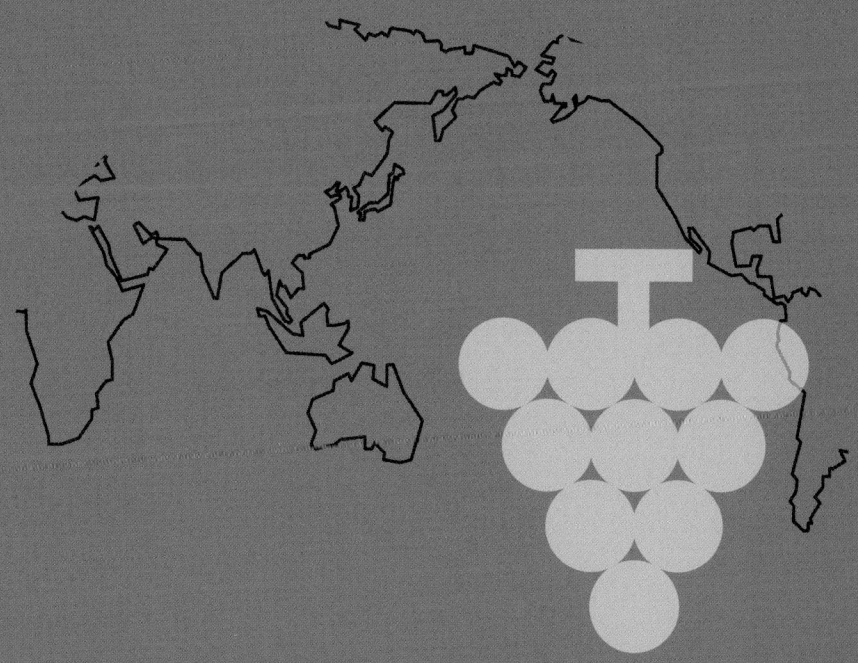

세계 속의 와인 분포

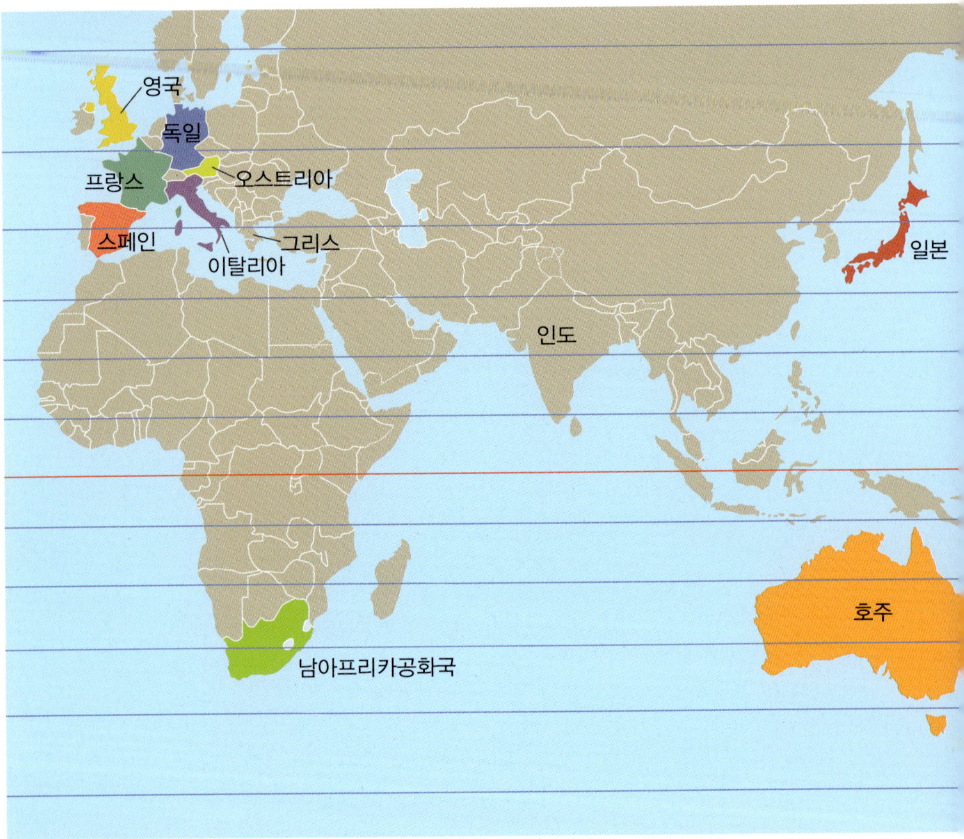

지도로 확인하는 품종의 재배 시작점과 양조법

 유럽에서 신세계로 퍼져나간 와인과 포도

    와인이나 포도의 발상에 관한 설에는 여러 가지가 있지만 현대에 이어져 내려온 와인의 역사는 **그리스를 시작점으로 유럽 내에서 전파**되면서부터 출발한다. 로마 제국의 영토 확대와 함께 프랑스, 독일, 스페인, 유럽 각지로 와인 생산이 널리 퍼져 종교나 왕실과 관련성을 가지며 토지별로 와인의 생산과 문화가 꽃피우게 되었다.

    그 후 17세기부터 유럽에서 세계로 본격적인 와인 생산이 전파되었다. 그 선두에 선 나라가 남아프리카공화국을 비롯한 호주, 뉴질랜드, 그리고 칠레나 아르헨티나 등 남미 대륙이었다. 지금은 미국이 와인의 생산과 소비 모두 가장 많은 비율을 차지하면서 점점 더 널리 전파되고 있는 와인의 생산과 문화. 이제부터는 국제 품종의 전파에서 토착 품종의 탄생까지 다양한 품종을 기준으로 세계 곳곳의 와인 생산지를 살펴보자.

세계 속의 와인 분포

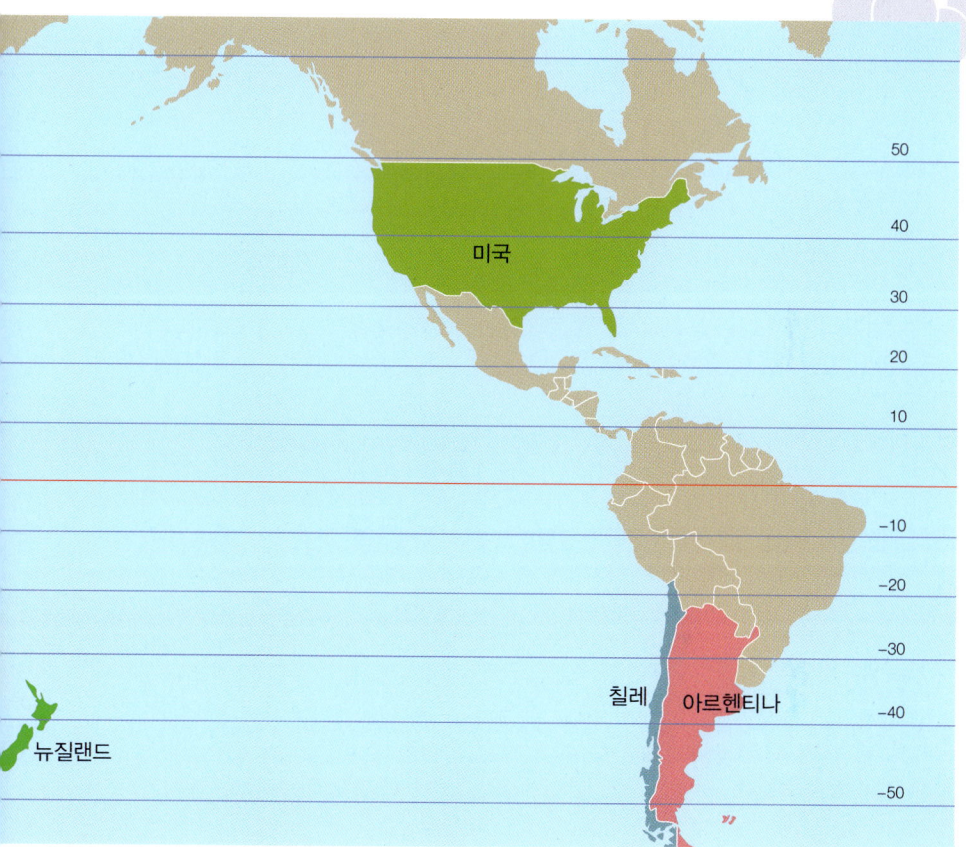

대국이라 일컬어지고 있지만 미국이 본격적으로 상업용 와인을 생산한 것은 금주법 폐지 이후인 20세기로 상당히 뒤늦은 출발이었다.

포도가 생육하기 가장 적합한 지역은 **북위와 남위 30~50도** 범위(**와인 벨트**)로 주요 와인 생산국은 이 범위 안에 속해 있다. 하지만 재배와 양조 기술이 발달하고 기후 환경이 변화되면서 이제껏 와인을 생산하지 않았던 나라에서도 와인을 생산할 수 있게 되었다. **2013년 소믈리에 세계 대회에서도 출제되었던 인도** 와인, 온난화의 영향으로 **고품질 스파클링 와인을 생산하기 시작한 영국**은 앞으로 주목해야 할 생산지다.

151

프랑스

대부분의 와인은 프랑스에서 시작되었다

와인 대국 프랑스에는 **보르도**, **부르고뉴**의 양대산맥을 주축으로 각지에 유명 생산지가 자리하고 있다.

보르도는 역사적으로 영국과의 관계가 매우 밀접해 주로 런던에 수출하며 발전을 이뤄 왔다. 부르고뉴는 **로마네 콩티**가 루이 14세의 약으로 처방되었다는 사실만으로도 알 수 있듯 프랑스 왕실이나 부르고뉴 공국과 깊은 관계를 맺으며 샤블리 지역 등지에서 선박으로 센(Seine)강을 따라 파리로 운반하는 유리한 조건하에 국내 시장을 중심으로 발전했다.

마른(Marne)강에서 파리로 운반이 가능했던 샹파뉴도 대규모 레드 와인 생산지였다. 권력 투쟁 중 부르고뉴에 패해 고급 레드 와인 분야에서는 물러났지만 '**샴페인(거품)**'이라는 새로운 분야로 재도약에 성공한다.

그밖에도 프랑스 국내에는 알자스나 코트 뒤 론, 프로방스, 랑그독 루시옹, 루아르 등 여러 생산지가 있어 **각 토지에 뿌리내린 특색 있는 와인을 만들며** 발전해나갔다.

모든 와인은 프랑스의 유명 생산지에서 재배된 다양한 품종의 포도에서 시작되었다. **각 토지를 기점**으로 양과 질 모두 프랑스가 세계적인 와인의 왕좌를 차지해 나가는 과정에서 프랑스식 와인 양조법과 함께 세계로 퍼져나갔다.

오늘날 우리가 즐겨 마시는 와인의 대부분은 세계 각지에서 재배되고 있는 **국제 품종**에 속한 포도 품종으로 만들어진 와인이다. 국제 품종에는 카베르네 소비뇽, 피노 누아, 메를로, 쉬라, 샤르도네, 리슬링, 소비뇽 블랑 등 여러 종류가 있다. 이 품종들은 보르도, 부르고뉴, 샹파뉴에서 재배에 성공했기 때문에 국제적인 품종이 되었다고 해도 과언이 아니다.

이제부터는 프랑스에서 탄생한 와인의 국제 품종과 그 밖의 주요 품종을 함께 소개하려고 한다. 지도를 보면서 생산지의 남북 입지와 그 품종이 선호하는 토양이나 기후, 시작점이 된 생산지를 파악하고 어떻게 전파되어 성공을 이루었는지 살펴보도록 하자.

프랑스 각지에서 탄생한 개성적인 와인들.
그 포도 품종이 재배되기 시작한 생산지를 확인해 보자

카베르네 소비뇽 × 보르도 좌안

 세계로 향하는 대표적인 국제 품종

카베르네 소비뇽은 보르도 지방 좌안에서 재배가 시작된 품종으로 규모가 매우 크고 장기 숙성 가능한 와인으로 만들어진다. 병충해에 내성이 있고 **품종특성**인 골격의 견고함이나 장기 숙성으로 풍부해지는 풍미 등 개성을 살리는 양조 기술이 개발되면서 보르도 사람들은 점차 카베르네 소비뇽의 재배를 확대해나갔다. '소비뇽'의 어원은 소바주(Sauvage)로 '야생적인'이라는 의미를 갖고 있다. **나무의 세력이 왕성해 어디에서든 건전하게 잘 자라는 품종**이다. 그래서 이탈리아나 스페인, 신세계까지 거의 모든 나라에 이를 정도로 널리 퍼져 있다.

메를로 × 보르도 우안

 유연한 생명력을 가진 품종

보르도 좌안에서는 카베르네 소비뇽을 부드럽게 중화시키는 보조 품종으로 사용되는 메를로. 우안의 포므롤이나 생테밀리옹에서는 메를로를 주축으로 페트뤼스 등 세계적으로 높은 평가를 받고 있는 와인을 만들고 있다. 같은 보르도 내에서도 좌안은 사력질 토양, 우안은 점토질 토양으로 **카베르네는 사력질을 선호하고 메를로는 점토질을 선호한다.** 메를로도 세계 여러 나라에서 재배되고 있는데 강인함으로 살아가는 카베르네 소비뇽과 달리 유연함으로 꿋꿋하게 살아가는 이미지가 있다. 비가 많고 습한 일본에서도 유럽계 품종 중 메를로의 수확량이 가장 많고 비교적 원활하게 재배되고 있다.

피노 누아 × 부르고뉴

민감하고 까다로운 품종

피노 누아는 카베르네 소비뇽과 어깨를 나란히 하는 위대한 품종이다. 하지만 피노 누아는 병충해에 약하고 토양을 까다롭게 가린다는 점과 재배가 쉽지 않아 좀처럼 맛있는 와인을 만들기 어렵다는 점에서 카베르네 소비뇽과 크게 다르다. 피노 누아가 선호하는 토양은 **석회암질로 철분이 함유되어 있고 배수가 잘되는 곳**이다. 부르고뉴는 그 조건에 잘 부합하는 땅이었기 때문에 4세기경부터 재배되었다고 한다. 가련하고 우아한 와인을 만드는 피노 누아는 **세계적으로 선망하는 품종**으로 전 세계의 많은 생산자가 도전하고 있다. 하지만 부르고뉴의 피노 누아에 필적할 만한 사례가 드물어 다른 품종만큼 널리 전파되지는 못했다.

샤르도네 × 부르고뉴

전 세계 어디에서든 쉽게 재배할 수 있는 품종

샤르도네는 부르고뉴 지방 **마코네의 샤르도네 마을이 원산**지로 알려져 있다. 피노 누아와 마찬가지로 부르고뉴를 대표하는 품종으로 **석회질 토양을 선호**하고 병충해에 약하지만 **어디에서나 키우기 쉬운 특징**을 가지므로 재배의 성공확률이 높은 품종이라고 할 수 있다. 실제로 프랑스뿐 아니라 세계 각지에서 재배되고 있다. 하지만 재배가 가능하다고 해서 모두 좋은 와인으로 완성되는 것은 아니다. 부르고뉴의 뫼르소나 몽라셰와 같은 고급 와인이 되려면 역시 토양이나 기후 등 여러 조건이 갖춰져야 한다.

카베르네 프랑 × 보르도/루아르

주연과 조연 모두 소화 가능한 품종

단단한 골격과 강력함을 지닌 카베르네 프랑. 보르도에서는 대부분 **보조 품종으로 소량의 카베르네 프랑이 사용**된다. 반면 루아르강 중류 지역에 위치한 쉬농 등지에서는 카베르네 프랑을 100% 사용해 섬세하고 기품 있는 레드 와인을 만들어내고 있다. **원산지는 스페인**이지만 프랑스 내에서는 카베르네 프랑을 주로 생산하는 **루아르 중류 지역**이 시작점이라고 할 수 있다. 수확량이 많은 것은 아니지만 세계 각지에서 생산되고 있다. **보르도의 카베르네 소비뇽과 마찬가지로 보조 품종으로 사용하기 위해 재배되는 것**으로 이해하면 된다.

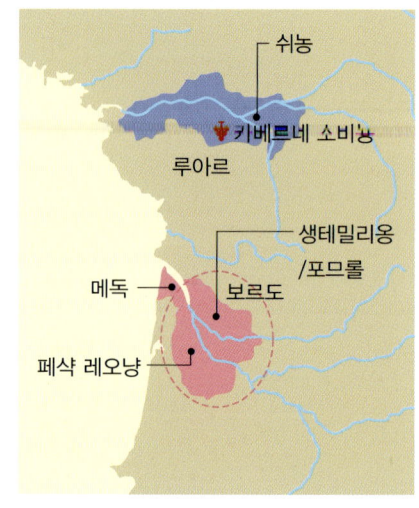

※ 카베르네 프랑의 원산지는 스페인이지만 프랑스 내 시작점의 의미로 마크를 표시했다.

쉬라 × 코트 뒤 론

독특하게 전파되어 두 곳의 고향을 갖게 된 품종

쉬라는 코트 뒤 론 북부를 대표하는 품종이다. 원산지도 코트 뒤 론으로 **비교적 온난한 곳을 선호한다**. 강력함과 무엇보다 **스파이시함**이 특징이다. 또 동물적인 개성도 지니고 있다. 이러한 쉬라가 전 세계로 확대되는 과정에서 호주에 전파되면서 같은 품종의 다른 세계관을 가진 '**쉬라즈**'가 되어 사우스오스트레일리아주를 중심으로 자리 잡았다. 프랑스 국내에서는 남프랑스에 재배지가 있으며 **그르나슈 등과 섞여 자라고** 있다. 신세계에서는 토양과의 궁합이 잘 맞는 남아프리카공화국이나 칠레 등에 정착했다. 또 미국의 따뜻한 지역에서도 재배되고 있다.

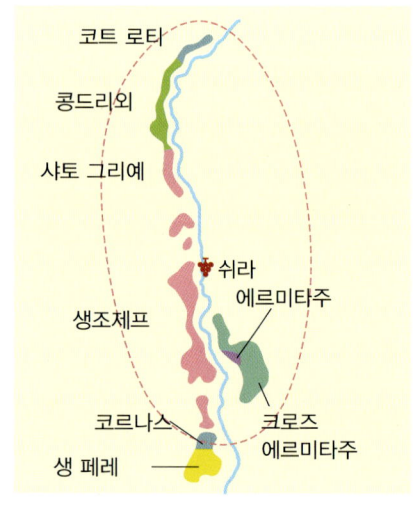

소비뇽 블랑 × 보르도/루아르

 독자적인 세계를 형성하며 유럽에서 신세계로 뻗어 나간 품종

소비뇽 블랑은 보르도가 원산지로 **나무의 세력이 매우 왕성하고 적응 능력이 뛰어난 품종**이다. 페삭 레오냥과 앙트르 되 메르를 **중심**으로 한 지역에서 재배되고 있다. 소비뇽 블랑 100% 와인은 그리 많지 않으며 두께감이 있고 나무통 향이 감도는 풍미가 특징이다. **루아르강 상류의 중부 지방(Centre Nivernais)도 재배 적지**로 주목을 받아 소비뇽 블랑 100%의 경쾌한 와인을 만들고 있다. 이렇게 두 곳의 생산지를 시작점으로 미국이나 칠레, 아르헨티나, 일본 등 신세계로 퍼져나갔다. 특히 뉴질랜드의 말보로에서는 독자적으로 진화해 초록빛 이미지나 선명한 그레이프프루트 향 등 **화사한 향**이 특징적인 세계를 구축하고 있다.

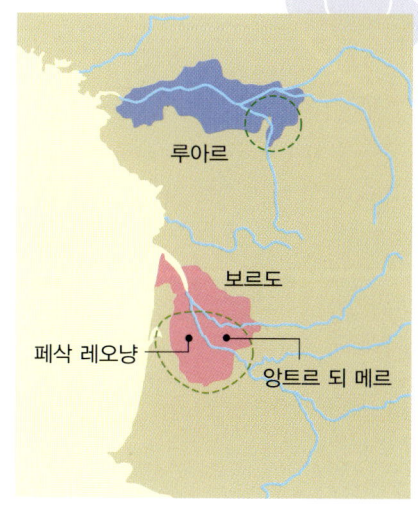

가메 × 보졸레

 화강암 토양을 선호하며 생산량이 많은 품종

가메는 누보로 유명해진 보졸레를 대표하는 품종이다. 보졸레는 부르고뉴 지방 남단으로 길게 뻗어 있는데 가메의 원산지는 본래 보졸레보다 훨씬 북쪽에 위치한 코트 뒤 본(→P.155)의 **가메라는 마을**로도 전해진다. 생산량이 많은 품종으로 피누 누아보다 과립이 크고 색소가 엷다. **프루티하고 신선한 와인**을 만든다. **화강암 토양을 선호**해 보졸레보다 조금 더 북쪽에 있는 마코네, 루아르 지방, 이웃 나라인 스위스에서도 재배된다. 신세계에서는 경쾌하고 가볍게 마시기 좋은 와인이라는 인식 때문에 다른 품종으로 대체되어 거의 재배되지 않는다.

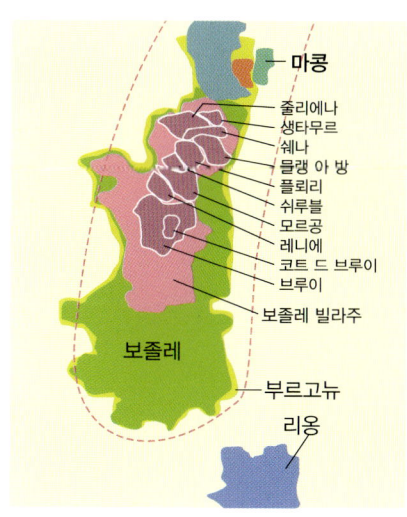

지도로 확인하는 품종의 재배 시작점과 양조법

세계 속의 카베르네 소비뇽,

흑포도 품종인 카베르네 소비뇽, 피노 누아와 백포도 품종인 샤르도네가 세계 어느 나라에서 생산되고 있는지 지도로 살펴보자.

- 독일
- 프랑스
- 스위스
- 이탈리아
- 스페인
- 오스트리아
- 루마니아
- 몰도바
- 중국
- 일본
- 남아프리카공화국
- 호주

- ● 카베르네 소비뇽
- ● 피노 누아
- ● 샤르도네

피노 누아, 샤르도네

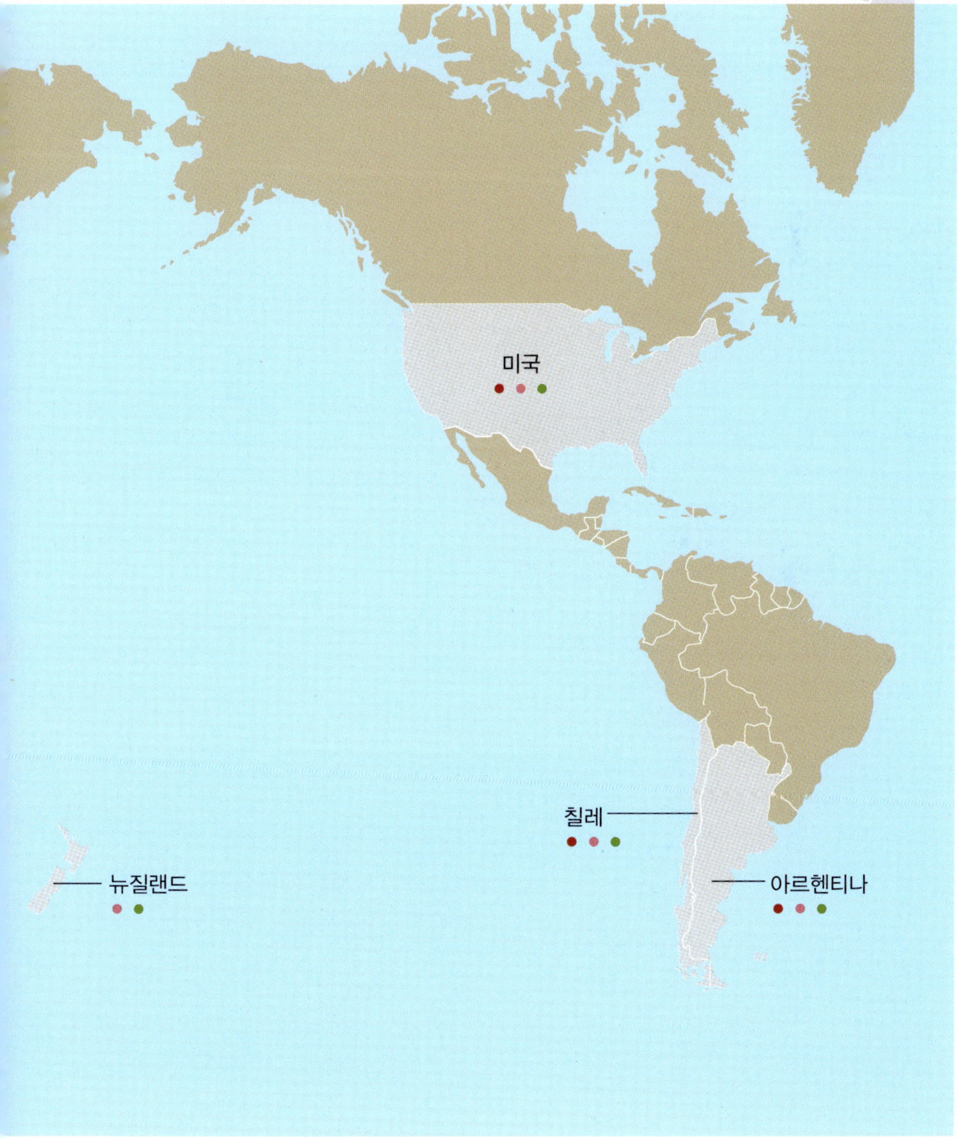

Part 6 세계 속의 카베르네 소비뇽·피노 누아·샤르도네

미국

칠레

뉴질랜드

아르헨티나

미국

지도로 확인하는 품종의 재배 시작점과 양조법

※ 진판델의 원산지는 크로아티아지만 미국 내 시작점의 의미로 마크를 표시했다.

와인의 생산량보다 소비량이 더 많은 나라

미국은 신세계로 분류되는 나라들 가운데 오늘날까지 이어져 내려온 **와인의 역사가 가장 얕다**. 과거에 시행된 금주법(1920년)에 따라 와인 생산이 중단되었던 것이 대표적인 이유로, 금주법이 폐지된 이듬해에 캘리포니아 대학 데이비스 캠퍼스(UC Davis)에서 산학 일체의 와인 연구가 시작되면서 미국 내 와인에 대한 의식이 한층 더 높아졌다. 와인 문화가 깊이 뿌리내린 유럽에서 건너온 많은 이주민의 영향으로 **와인의 생산량보다 소비량이 더 많은** 현상 또한 와인 발전에 가속도를 붙였다. 그 결과 미국에서는 **수출용 와인보다 주요 소비자인 미국 국민의 취향을 반영한 와인 생산**이 주류로 자리 잡게 되었다.

미국은 주 전역에서 와인을 만들고 있지만 생산량으로만 보면 캘리포니아주가 90%를 차지한다. 나머지 10%에 해당하는 주로는 최근 오리건주, 워싱턴주, 뉴욕주 등이 주목을 받고 있다.

포도의 품종 구성은 프랑스와 비슷한데 특히 캘리포니아에서는 카베르네 소비뇽, 메를로와 같은 **보르도 스타일**과 샤르도네, 피노 누아와 같은 **부르고뉴 스타일**의 양대 세력과 함께 독자적인 품종인 진판델이 주를 이룬다.

또 가격 경쟁력이 우수한 대용량 와인도 많이 생산된다.

진판델 × 캘리포니아

크로아티아에서 온 타닌이 풍부한 품종

미국, 특히 캘리포니아에서 독자적인 발전을 이룬 진판델. 크로아티아의 츨레냑 카스텔란스키(Crljenak Kastelanski)종에서 유래되었으며 이탈리아의 프리미티보와 같은 품종이다. **배수가 잘되는 토양을 선호하고 비교적 온난한 토지에서 키우기 쉬운** 특징을 갖는다. 캘리포니아산 고급 와인인 카베르네 소비뇽이나 샤르도네의 재배지는 물론 더 온난한 토지에서도 폭넓게 재배된다. **과실미와 타닌이 풍부**하고 알코올도수도 높은 힘찬 와인으로 완성된다.

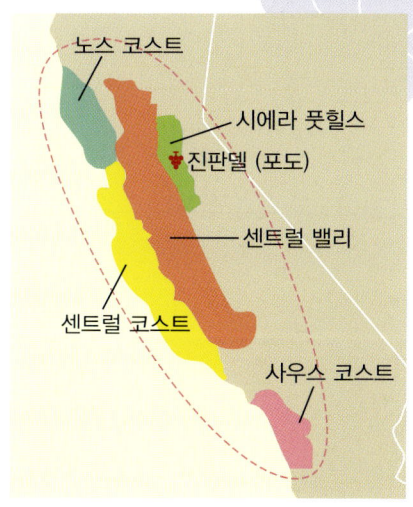

피노 누아 × 오리건

부르고뉴와 비슷한 환경에서 재배되는 품종

피노 누아는 캘리포니아에서도 많이 재배되지만 1979년에 프랑스에서 열린 부르고뉴와 오리건산 피노 누아의 비교 테이스팅에서 2위를 차지하며 캘리포니아보다 더 큰 수복을 받게 되었다. 오리건은 캘리포니아 북쪽에 위치하며 **미국 내에서는 아주 냉량한 생산지**다. 북위 45도로 부르고뉴와 기상 조건이 비슷해 **피노 누아나 샤르도네**의 재배 적지가 되었다. 캘리포니아처럼 해안의 기후가 냉량하므로 피노 누아는 해안가에서 재배한다. **풍부한 과실미를** 가진 와인으로 완성된다.

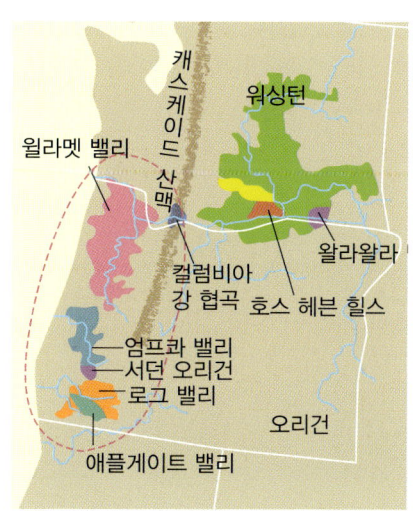

호주

쉬라즈로 대표되는 독자적인 개성을 지닌 호주

광대한 영토를 갖고 있지만 극히 일부 지역에서만 와인이 생산된다. 미국과는 반대로 인구가 적어 **수출용 와인 중심으로 생산**이 이루어지고 있다. 처음에는 종주국인 영국에서 선호하는 맛인 주정강화용 포트 와인으로 시작해 색이 진하고 파워풀한 **독자적인 스타일의 스틸 와인**을 만들어 와인 산업을 발전시켜왔다. 현재는 세계 와인 소비국을 의식해 **세계적인 조류에 맞는 와인을 생산**하고 있다.

기후적 특성으로는 더운 나라지만 온난한 생산지 외에도 표고가 높은 장소나 해풍의 영향을 받는 서늘한 해안가 환경이 갖춰져 있기도 하다. 또 비가 적게 내리는 특징도 갖는다. 이처럼 다양한 기후 조건을 활용해 카베르네 소비뇽이나 샤르도네, 리슬링 등 여러 품종이 재배되고 있다. 프랑스에서 유래된 품종 가운데 가장 빠른 성공을 이룬 쉬라즈는 오늘날 호주 와인의 대명사로 불린다고 해도 과언이 아니다. 그 밖에 단일 품종으로 만드는 와인 외에도 서로 다른 품종을 블랜딩한 '세미용 샤르도네'나 '쉬라즈 카베르네'등 **원산국에서는 거의 블랜딩하지 않는 품종을 섞어 만든 와인**도 있어 호주 와인의 특색을 잘 보여준다.

호주

쉬라즈 × 사우스오스트레일리아주

 호주만의 독특한 와인 세계를 넓힌 품종

프랑스 론에서 쉬라가 전파된 후 가장 빠르게 세계적으로 인정받은 와인이 바로 사우스오스트레일리아주 바로사 밸리에 있는 펜폴즈의 '그랑쥐'다. 과거에는 와인 이름에 '에르미타주(Hermitage)'가 포함되어 있었다. 쉬라는 호주에 정착하는 과정에서 쉬라즈라는 이름으로 바뀌어 **온난한 기후, 알맞은 토양** 등 최고의 환경을 배경으로 **사우스오스트레일리아주뿐 아니라 국가 전체를 대표하는 품종**으로 이름을 알리게 되었다. 초기에는 짐승 같은 냄새가 풍겼지만 최근에는 **진한 응축감**과 카베르네정도의 견고함까지는 아니더라도 **근육질과 과실미가 느껴지는** 호주 쉬라즈의 독특한 세계가 확대되었다.

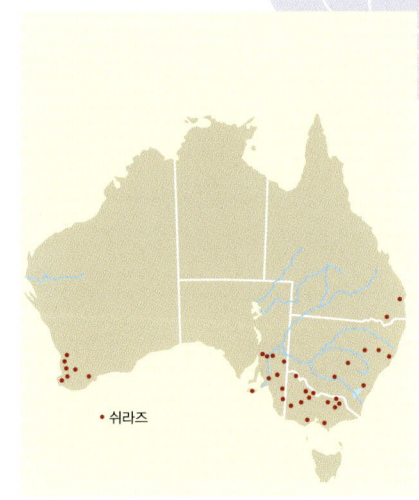

• 쉬라즈

리슬링, 세미용 × 호주 전역

 독자적인 노선을 확립한 리슬링과 세미용

리슬링이나 세미용도 쉬라즈와 마찬가지로 원산국에서 전파된 후 호주 내에서 독자적으로 진화된 품종이다. **리슬링은 사우스오스트레일리아주와 웨스턴오스트레일리아주, 빅토리아주**에서 높은 평가를 받으며 **빈티지**가 어리면서도 선명한 페트롤(석유) 향이 느껴지는 것이 특징이다. 세미용의 대표적인 생산지는 **뉴사우스웨일스주의 헌터 밸리**다. 토지의 선호 조건이 까다롭지 않아 키우기 쉬운 품종 중 하나로 보르도산은 스위트한 맛과 드라이 맛 두 가지로 만들어지는 반면 호주산은 **드라이한 맛** 와인으로 만들어지는 경우가 많다. 수확 시기는 비교적 빠르고 장기 숙성을 거쳐 알코올 함량이 낮으면서도 **벌꿀이나 고소한 향이 풍기는 것**이 헌터 밸리산 세미용의 특징으로 알려져 있다.

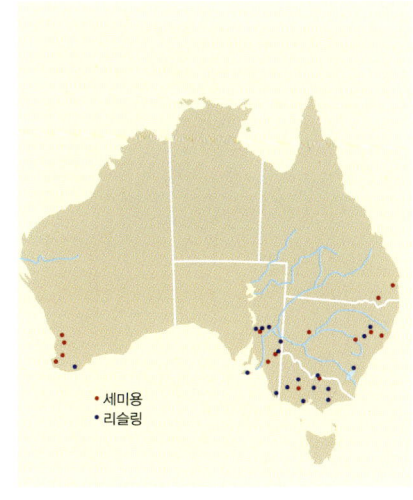

• 세미용
• 리슬링

뉴질랜드

지도로 확인하는 품종의 재배 시작점과 양조법

 냉량한 토지에서 꽃피운 소비뇽 블랑과 피노 누아

호주보다 남쪽에 위치하며 두 개의 큰 섬으로 이루어진 뉴질랜드. 남위 35~46도 지점에 있으며 바다로 둘러싸인 해양성 기후를 갖고 있다. 한여름에는 시원하고 하루에 사계절이 있다고 할 정도로 **낮과 밤의 온도 차**가 크다. 전체적으로 매우 냉량한 기후이므로 **신맛과 과실미의 균형감이 뛰어나 기품 있는 와인**으로 만들어지는 것이 특징이다.

와인 문화와 포도는 유럽에서 직접 전파되지 않고 호주를 거쳐 들어왔다. 백포도로는 샤르도네나 소비뇽 블랑, 리슬링이나 피노 그리 등, 흑포도로는 메를로, 카베르네, 쉬라, 말벡 등 유럽 품종이 유입되어 북섬을 중심으로 와인 양조가 시작되었다. 약 200년이라는 오랜 세월 동안 주로 국내 소비를 위해 생산되다가 남섬의 **말보로 지역에 소비뇽 블랑** 포도나무가 심어진 1973년 이후 세계적으로 인정받으면서 와인 생산국 뉴질랜드를 널리 알리기 시작했다. 또 최근에는 **센트럴 오타고의 피노 누아**가 높은 평가를 받으며 주목을 끌고 있다. 이 두 가지 품종이 지금은 냉량한 뉴질랜드 기후에 알맞게 적응

※ 소비뇽 블랑의 원산지는 보르도지만 색다른 스타일의 와인을 만들어내므로 시작점 마크를 표시했다.

되어 양대 품종으로 자리 잡고 있다.

소비뇽 블랑 × 말보로

 뚜렷한 개성으로 단기간에 세계적인 명성을 얻은 품종

소비뇽 블랑이 처음 심어진 곳은 강바닥이라고 한다. 당시부터 **강한 향이 특징적**으로 같은 품종이지만 루아르에서 생산되는 푸른 풀의 뉘앙스를 최대한 끌어올린 와인과는 정반대라고 생각될 만큼 개성적인 와인이 만들어졌다. 토양이나 기후의 영향이 아니라 포도의 개성을 살린 스타일의 차이로 탄생한 것이다. 이러한 색다른 스타일의 소비뇽 블랑은 뉴질랜드뿐 아니라 세계 각국으로 널리 퍼져나갔다. 식재된 지 불과 40년 만에 **국제적인 품종특성의 기준**으로 불릴 만큼 명성을 얻게 되었다.

말보로
뉴질랜드 재배 면적의 절반 이상을 차지한다.

피노 누아 ×센트럴 오타고

 부르고뉴조차 위협하는 존재

피노 누아는 **남섬과 북섬에서 모두 재배**되고 있는데 뉴질랜드가 본래 서늘한 나라지만 그중에서도 특히 **서늘한 지역**인 센트럴 오타고, 캔터베리, 와이파라 밸리 등에서 재배하는 경향을 띠며 기품 있는 와인을 추구하고 있다. 냉량한 기후지만 일조량이 많기 때문에 색깔이 잘 나오고 과실미가 풍부한 와인이 탄생된다. 처음부터 재배 적지의 조건을 갖추고 있어 훌륭한 피노 누아를 생산할 수 있었던 뉴질랜드는 피노 누아의 시작점인 부르고뉴의 생산자들조차 위협을 느낄 정도로 지금도 여전히 큰 성장 가능성을 갖고 있는 재배지다.

센트럴 오타고
표고가 높고 와인 생산지로는 세계 최남단에 위치한다.

캔터베리 & 와이파라 밸리

165

칠레/아르헨티나

지도로 확인하는 품종의 재배 시작점과 양조법

 축복받은 환경 속에서 탄생한 저가의 고품질 와인

16세기에 와인 양조가 전파된 후 1851년 칠레 포도 재배의 아버지라 불리는 실베스트레 오차가비아(Silvestre Ochagavia)가 프랑스에서 고급 품종과 함께 기술자를 데리고 돌아오면서 근대적인 와인 생산이 시작되었다. **차가운 훔볼트 해류(페루 해류 – 역자 주)의 영향을 받아 냉량하고 맑은 하늘이 이어지며 비가 적게 내리고 건조해 필록세라(→P.123)가 없는 토양**이다. 말하자면 건전성이 아주 뛰어난 축복받은 재배 적지라고 할 수 있다. 레드 와인을 많이 생산하고 주요 품종은 **카베르네 소비뇽**이다. 똑같이 **프랑스에서 전파된 카르메네르**는 보르도에서는 멸종되었지만 칠레에서는 명맥이 이어져 **독자성을 표현할 수 있는 품종**으로 주목받고 있다.

 응축감을 끌어올리기 위해 표고가 높은 곳에서 재배한다

아르헨티나는 300~2,400m의 **표고가 높은 곳**에서 포도를 재배하는 것이 특징이다. **햇볕이 강해 응축감이 뛰어난 와인**이 만들어진다. 품종으로는 프랑스에서 전파된 것 중 특히 말벡이 가장 많이 재배되고 있다. 아르헨티나의 와인 양조는 대부분 칠레와 비슷한 경위를 거쳐 전파되었는데 최근 기술이 크게 발달하면서 **세련된 와인**을 만들기 시작했다.

① 카사블랑카 밸리
② 마이포 밸리
③ 카차포알 밸리
④ 쿠리코 밸리
⑤ 마울레 밸리

카베르네 소비뇽 × 칠레

 높은 산도가 특징인 칠레의
대표적인 레드 와인용 품종

세계적으로 꾸준한 인기를 얻고 있는 칠레산 **카베르네 소비뇽**. 생산량이나 인지도 모두 칠레를 대표하는 품종이다. 흑포도 재배 면적 2위인 **메를로**와 함께 알맞은 환경에서 과실미 풍부한 보르도 스타일의 와인으로 만들어진다. 다른 나라에서 생산되는 카베르네 소비뇽과 비교하면 **훔볼트 해류의 영향**으로 차가운 바람이 부는 환경에서 재배되기 때문에 **산도가 다소 높은 느낌**의 와인으로 완성될 때가 많다.

칠레에서 재배되고 있는 카베르네 소비뇽.

말벡 × 아르헨티나

 앞으로가 더욱 기대되는
아르헨티나 최대의 흑포도

말벡은 프랑스 남서 지방의 카오르에서 생산되는 주요 품종이다. 말벡은 보르도나 루아르에서는 보조 품종으로 사용되지만 **아르헨티나에서는 최대 규모의 재배 면적을 자랑한다.** 주로 중앙 서부 지방의 멘도사에서 재배되고 있다.

카오르는 색소가 많아 진한 색을 띠는 품종이므로 전통적으로 '블랙 와인'이라 불리기도 했다. 대체로 색이 진한 베리 향에 파란색에서 보라색 꽃을 연상시키는 향이 더해져 붉은 차조기의 뉘앙스를 갖는다.

칠레의 재배 환경은 일조량이 많고 강우량이 적다.

아르헨티나에서는 표고가 높은 곳에서 포도를 재배하므로 햇볕이 강하다.

이탈리아

지도로 확인하는 품종의 재배 시작점과 양조법

 다양한 품종으로 발현되는 지역성과 풍부한 개성을 지닌 와인

와인 대국 프랑스와 어깨를 나란히 하는 것을 뛰어넘어 최근에는 상당히 높은 확률로 **생산량 1위**에 오르며 와인 제국이 된 이탈리아. 프랑스계 품종도 재배되고 있지만 이탈리아 고유의 독자적인 품종도 많다. **지역별로 기후나 토양에 적합한 토착 품종**을 키워 다양한 종류의 와인을 개발하고 있는 것이 큰 특징이다. 주요 품종에는 **많은 아종이 존재**하는데 토착 품종의 수는 300~400개라고 한다. 이를테면 이탈리아에서 가장 많이 재배되고 있는 흑포도 **산지오베제에는 88개의 아종**이 있고 명칭도 다양하다. 따라서 세세한 품종이 분포하고 하나의 품종이 전역을 차지하는 일은 많지 않은데 백포도로는 **트레비아노나 모스카토**, 흑포도로는 아종까지 합하면 **산지오베제** 정도다.

소박함과 최첨단이 공존하는 국민성이 반영된 것인지 와인도 **전통 제법과 지식, 최신 기술을 적절히 구분해서 양조**한다.

이러한 배경을 바탕으로 생산된 와인에는 지역별로 다양성과 개성이 잘 드러나 와인을 공부하는 사람들에게는 까다로운 장벽처럼 느껴질 수 있지만 애음가들에게는 큰 즐거움을 안겨 주는 생산국이라고 할 수 있다. 169페이지부터는 지도를 살펴보면서 이탈리아의 다양한 품종과 분포 위치를 확인하도록 하자.

남쪽에 위치한 캄파니아주의 해안가 경사면에 있는 밭.

트렌티노 알토 아디제주는 이탈리아 북부에 위치하고 바위산으로 둘러싸인 서늘한 지역이다.

피에몬테주에서는 네비올로, 바르베라, 돌체토 같은 품종을 재배한다.

Part 6 이탈리아

알프스 산맥

아페닌 산맥

로마

① 발레 다오스타
② 피에몬테주
③ 롬바르디아주
④ 트렌티노 알토 아디제주
⑤ 베네토주
⑥ 프리울리 베네치아 줄리아주
⑦ 리구리아주
⑧ 에밀리아 로마냐주
⑨ 토스카나주
⑩ 라치오주
⑪ 움브리아주
⑫ 마르케주
⑬ 아브루초주
⑭ 몰리세주
⑮ 캄파니아주
⑯ 풀리아주
⑰ 바실리카타주
⑱ 칼라브리아주
⑲ 시칠리아주
⑳ 사르데냐주

이탈리아의 흑포도 품종

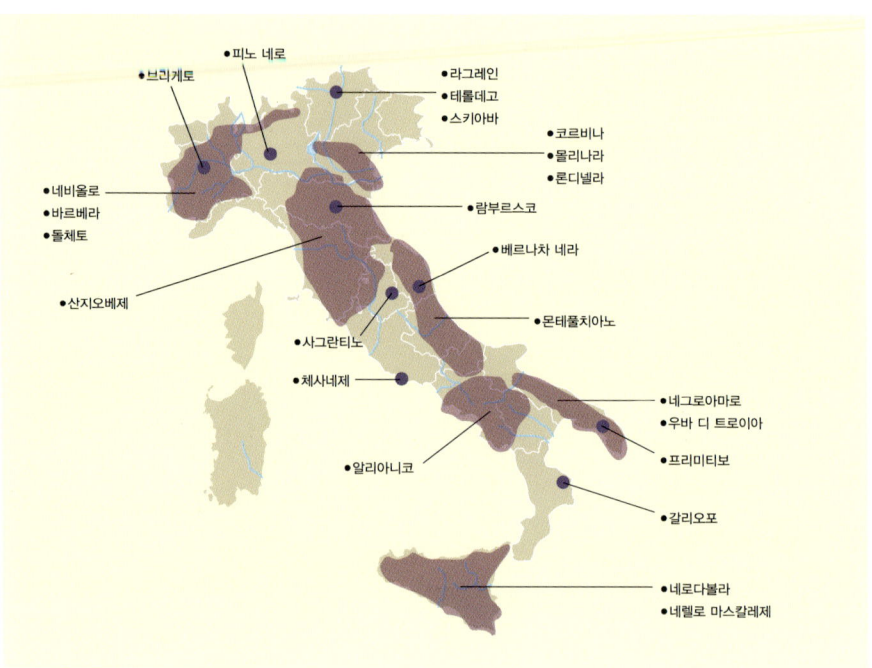

네비올로와 산지오베제는 이탈리아를 이해하는 데 중요한 품종이다

생산되는 품종의 재배 면적을 살펴보면 산지오베제가 가장 넓고 그다음 몬테풀치아노, 메를로 순으로 넓지만 이탈리아의 흑포도를 이해하는 데는 **북이탈리아의 네비올로와 중부 이탈리아를 중심으로 생산되는 산지오베제**가 중요하다.

네비올로는 바롤로나 바르바레스코로 잘 알려진 품종으로 놀라운 구조력을 가지며 웅대함이 느껴지고 장기 숙성 후에는 화사한 와인으로 변한다. 다른 생산지에서도 재배를 시도하고 있지만 키우기 쉽지 않아 피노 누아보다도 더 **세계적으로 확대되지 못했다.**

반면 **산지오베제는 키우기 쉬운 품종**으로 이탈리아 전역에 널리 퍼져 있다. 아종을 포함한 산지오베제는 특징을 파악하기 어렵고 브루넬로 디 몬탈치노가 최고급으로 알려져 있지만 **키안티나 키안티 클라시코를 떠올리면 쉽게 이해**할 수 있을 것이다.

최근에는 남이탈리아의 네로 다볼라를 비롯한 **편하게 마실 수 있는 와인을 만들어내는 품종**도 주목받고 있다. 품질이 향상되어 전체적으로 **순수한 과실미**가 드러나 풍미가 더욱 좋아지고 있다.

이탈리아의 **백포도 품종**

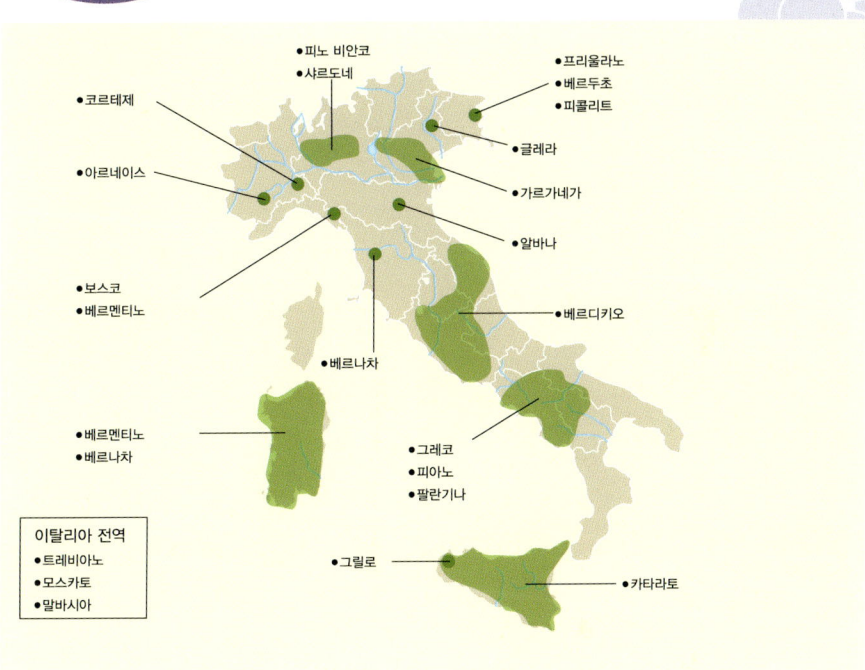

각지에 다양한 개성을 지닌 토착 품종이 분포한다

백포도는 재배 면적이 특별히 넓은 품종은 없으며 이탈리아 전역에서 재배되고 있는 품종으로는 트레비아노와 모스카토 등이 있다. 그밖에는 각 지역에 뿌리내린 다양한 개성을 지닌 토착 품종이 분포한다.

이탈리아의 백포도로 만들어지는 와인은 품종과 마찬가지로 다양한 유형으로 생산되지만 **대표적인 와인과 품종이라고 할 만한 것은 없다.** 그 대신 두 그룹으로 분류할 수 있는 여러 품종이 있다. 고급 와인으로 만들어지는 품종으로는 캄파니아주의 그레코나 피에몬테주의 아르네이스, 편하게 마실 수 있는 와인으로는 북이탈리아에 분포하는 코르테제와 베네토주의 가르가네가 등이 있다.

또 베네토주에는 이탈리아인이 매우 좋아하는 발포성(스파클링) 와인 프로세코의 원료가 되는 포도 품종인 글레라도 있다.

이탈리아 전역에 걸쳐 재배되는 모스카토는 각지에서 스위트한 와인으로 만들어진다. 특히 피에몬테주의 **스위트한 발포성 와인 아스티 스푸만테와 약 발포성(세미 스파클링) 와인인 모스카토 다스티**는 국내에서도 인기가 높다.

스페인

스페인의 품종과 생산지는 지역별로 나누어 특징을 정리한다

　스페인의 품종과 생산지를 파악하려면 먼저 **생산지를 지역별로 이해**하자. **나무통 숙성을 선호하는 나라**이므로 스페인의 와인법을 이해하면 정보를 정리하는 데 도움이 된다.

　스페인의 고급 와인을 탄생시킨 지역은 리오하를 포함한 북부와 카탈루냐를 포함한 지중해 연안 북부로 나뉜다. **북부의 대표적인 품종은 템프라니요**다. 리오하는 특히 장기 숙성을 우선시하는 지역으로 **숙성을 거친 원숙미 넘치는 레드 와인의 세계**를 형성해 왔다. 반면 지중해 연안 북부에서는 3가지 품종을 사용해 세련된 카바를 생산하는 지역과 **가르나차(그르나슈) 등으로 빠르게 성장한 고급 와인을 만드는 프리오라트**가 대표적이다.

　마드리드를 포함한 내륙부는 여름이 **매우 덥고 건조**한 지역이다. 다양한 품종을 재배하고 있으며 **백포도는 아이렌**. 흑포도는 여러 품종을 사용해 저가의 와인을 대량 생산한다. 또 같은 내륙부라도 리베라 델 두에로 부근은 마드리드 주변만큼 덥지 않아 예전부터 **리오하를 능가할 정도의 레드 와인**을 생산하고 있다.

　마지막으로 대서양 해안의 대표적인 생산지인 리아스 바이사스가 있다. 대표적인 품종은 알바리뇨다. 이 지역은 비가 많이 내려 선반에 포도 덩굴을 올리는 **선반 재배 방식으로 병충해에 강한 품종**을 만든다. 어패류와 잘 어울리는 화이트 와인으로 완성된다.

스페인의 흑포도

 템프라니요의 독보적인 행진

이탈리아에 필적할 만큼은 아니지만 스페인도 **토착 품종을 많이 갖춘 나라**다. 그중에서도 **템프라니요**는 재배 면적이 급속도로 늘어나고 있어 2010년을 기점으로 과거 10년간 면적 증가율이 가장 높은 품종이다. 여러 생산지에서 재배되며 고급 와인의 원료로 사용된다.

흑포도 중 재배 면적이 넓은 품종 2위는 **보발**로 발렌시아주에서 많이 재배되고 있다. 스페인 아라곤 지방이 원산지인 **가르나차(그르나슈)나 카리네나(카리냥)**도 중요한 품종이다.

스페인의 백포도

 개성적인 품종이 많다

단독으로 사용되는 개성이 가득한 품종으로는 리아스 바이사스 지역 알바리뇨 와인의 원료인 **알바리뇨**, 바스크 지역 차콜리의 원료인 **온다라비 주리(Hondarrabi Zuri)** 등을 예로 들 수 있다.

대서양 연안의 **고델로**는 현재 인기가 높아지면서 주목을 얻고 있다.

그 외에 백포도 중에서 **카바에 사용되는 마카베오나 자렐로, 파레야다, 말바시아** 등과 **셰리에 사용되는 팔로미노, 페드로 히메네즈, 모스카텔**도 스페인의 매우 중요한 품종이다.

주정강화 와인과 셰리

대표적인 **주정강화 와인**인 셰리나 마데이라, **포트 와인, 마르살라** 등의 공통점은 **알코올도수가 높아 품질이 안정적**이라는 것이다. 먼 곳까지 **스틸 와인**을 운반해야 했던 대항해 시대에 더운 선박 안에서 와인이 산화되지 않도록 보존성을 높이기 위해 만들어졌다. 양조 과정에서 도수가 높은 알코올을 첨가해 효모의 작용을 억제시키고 당분의 분해를 막아 보존성을 높였다.

다른 주정강화 와인은 대체로 스위트한 맛이지만 셰리는 알코올 첨가 시기를 바꾸어 투명하고 매우 **드라이한 와인**도 만든다. 액체 표면에 산막효모를 번식시켜 막을 형성해 독특한 풍미를 더한 피노, 산막효모를 사용하지 않고 호박색의 우아한 풍미로 완성한 올로로소 등 같은 셰리라도 다양한 풍미를 즐길 수 있다.

셰리는 오랜 시간 나무통 숙성을 거쳐 출하된다. 위스키 테이스팅 용어에 등장하는 '셰리 캐스크(숙성 나무통—역자 주)'라는 표현으로 알 수 있듯 셰리를 숙성시킨 나무통은 위스키 숙성용으로 사용된다. 셰리 나무통은 가치가 높아 위스키 회사가 셰리 생산 회사에 고가의 새로운 나무통을 무상으로 제공하기도 한다.

'티오 아저씨'라는 의미를 가진 드라이 셰리 '티오 페페(Tio pepe)'. 팔로미노 품종으로 만들어진 드라이한 맛의 셰리 와인이다.

독일

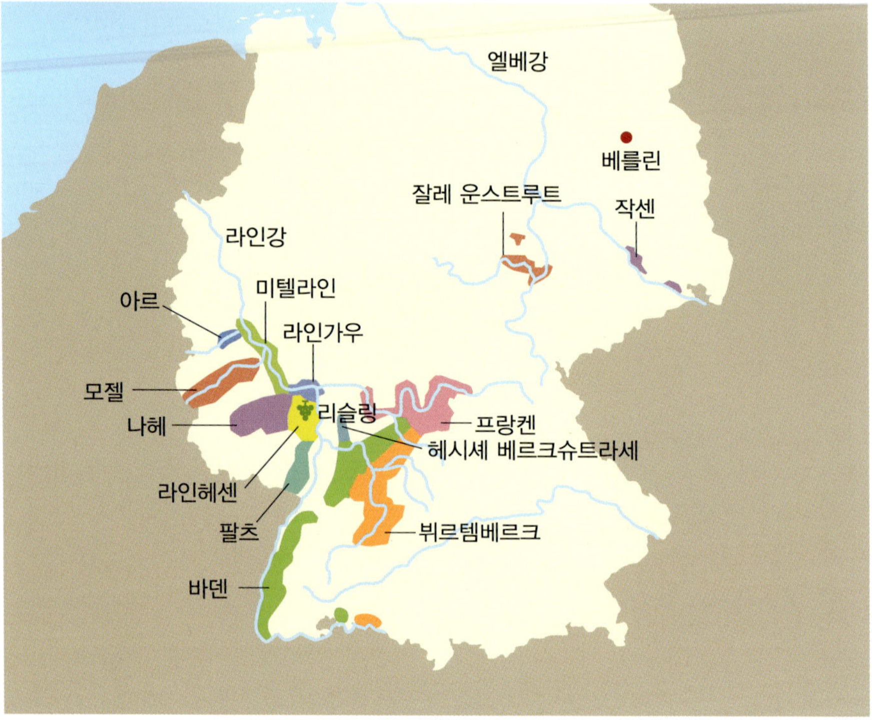

추위에 대항하는 뛰어난 품종으로 고품질 와인을 만든다

유럽의 주요 와인 생산국 중 최북단에 위치해 **기상 조건이 매우 까다로운 생장 환경**에서 포도를 재배하고 있다. 어떻게 해야 추위와 싸워 견디고 여름에도 낮게 비추는 햇볕을 골고루 받을 수 있을지, 다른 나라에는 없는 **재배 기술이나 아이디어를 발휘하면서 고품질 와인을 생산하고 있다**. 이러한 환경에서는 **흑포도보다 백포도가 더 키우기 쉬워** 화이트 와인의 생산량이 약 60% 정도를 차지한다. 대개 독일 와인은 달콤하다는 인식이 있는데 스위트한 와인의 생산량은 36% 정도밖에 되지 않는다. 예상과는 달리 **레드 와인과 드라이한 와인이 많이 생산된다. 품종으로는 백포도의 리슬링, 흑포도의 슈페트부르군더(Spaetburgunder, 피노 누아 품종)** 등이 까다로운 환경에서도 진가를 발휘하며 많이 재배되고 있다. 더 나아가 독자적으로 **추위에 대항하는 내한성이 뛰어난 품종**을 만들기 위해 다양한 교배 품종을 개발하고 있다.

리슬링

 재배의 용이성보다는 우수한 품질로 인정받은 리슬링

한때 키우기 쉽다는 특성 때문에 독일에서 독자적으로 개발한 교배 품종인 뮐러 트루가우(Muller-Thurgau)의 생산량이 증가하던 시기도 있었다. 하지만 **미국**을 중심으로 리슬링에 높은 평가가 쏟아지자 1990년대 후반부터는 다시 리슬링이 부활하기 시작했다. 이제껏 생산량을 늘려왔던 흑포도를 리슬링으로 바꿔 심으면서 흑포도의 증가도 중단되었다. **리슬링은 추운 생산지에서 진가를 발휘**하며 독일의 엄격한 와인법에 따라 드라이한 맛에서부터 스위트한 맛까지 다양한 맛을 가진 양질의 와인으로 완성된다. 또 섬세하고 깊이 있는 풍미는 **가벼운 식사와도 잘 맞는다**.

라인강을 따라 넓게 펼쳐진 포도밭.

교배 품종

 기상 환경에 맞춰 재탄생한 여러 가지 품종

독일 와인의 특징 중 하나인 교배 품종은 독일 13개 지역 전체에서 재배되고 있다. **리슬링이나 실바너 등 본래 독일에서 재배되던 품종을 사용한 것**이 대부분이다. 그중에서도 **리슬링과 마들렌 루아얄(Madeleine Royale)을 교배한 뮐러 트루가우**가 많아 독일의 각 생산지에서 재배되고 있다. 그밖에도 백포도로는 트롤링거(Trollinger)와 리슬링을 교배한 **케르너(Kerner)**, 흑포도로는 헬펜슈타이너(Helfensteiner)와 헤롤트레베(Heroldrebe)를 교배한 **돈펠더(Dornfelder)**가 많은 생산지에서 재배되고 있다.

교배 품종인 뮐러 트루가우. 거의 독일 전역에서 재배되고 있다.

흑포도의 교배 품종인 돈펠더.

일본

지도로 확인하는 품종의 재배 시작점과 양조법

홋카이도
일본 와인 생산량 3위 지역. 추위에 강한 독일계 포도를 많이 재배한다.

야마가타
기온 차가 큰 환경을 이용해 와인을 생산한다.

머스캣 베일리 A

야마나시
코슈 포도의 발원지. 포도 재배 면적과 와인 생산량 모두 일본 1위.

코슈

나가노
머스캣 베일리 A, 샤르도네, 메를로 등 여러 품종을 생산한다.

고온다습한 기후 특성을 가진 지역 중에서 선발된 생산지와 품종

현재 일본 국내산 포도를 원료로 사용해 와인을 만들고 있는 지역은 **북쪽의 홋카이도부터 남쪽의 미야자키현까지**다. 일본에서 와인 생산지로 잘 알려진 지역으로는 **야마나시, 나가노, 야마가타, 홋카이도**를 들 수 있다. 이러한 지역에 와인용 포도 재배가 확대된 것은 일본의 기후가 다른 나라 생산지에 비해 고온다습하므로 포도나무가 병충해를 입기 쉬워 **비가 적게 내리는 지역**이 우선 조건으로 선정되었기 때문이다. 또 낮과 밤의 기온 차가 없으면 포도의 색깔이 잘 나오지 않으므로 생산지는 내륙에 위치한 지역을 중심으로 발전해 왔다. 현재 **온난화의 영향 때문인지 홋카이도가 주목**을 받고 있다. 재배 품종은 **카베르네 소비뇽이나 메를로, 샤르도네와 같은 국제 품종**뿐 아니라 일본의 고유한 품종인 **코슈**나 일본 풍토에 맞춰 개발한 **머스캣 베일리 A와 같은 교잡 품종**도 일본 와인 생산의 중요한 위치를 차지하고 있다.

코슈

 일본의 독자성을 세계적으로 인정받은 코슈

일본의 고유한 품종 중 가장 대표적이라고 할 수 있는 **코슈**. 원산지는 본래 유럽으로 실크로드를 거쳐 일본으로 전파되었다고 전해진다. 이러한 코슈종이 일본에서 재배되기 시작한 배경에는 2가지 설이 있는데 모두 야마나시현과 관련이 있다. 지금은 야마나시현 외에도 야마가타현이나 오사카부 등 다른 지역에서도 재배된다. 또 유럽 품종과 같은 비티스 비니페라종으로 밝혀져 2010년 **국제와인기구(OIV)에 품종 등록을 완료했다. 완숙하면 과피가 예쁜 핑크색**을 띠며 그리 계열 포도와 같은 **살짝 떫은맛**을 갖는다. 쉬르 리를 거친 드라이한 맛부터 나무통 발효와 **나무통 숙성**을 거친 농밀한 풍미까지 폭넓은 와인으로 완성된다.

코슈의 선반 재배 모습.

머스캣 베일리 A

 '일본 와인 포도의 아버지'가 개발한 품종

머스캣 베일리 A는 니가타현 이와노하라 포도원의 창시자인 가와카미 젠베가 베일리와 머스캣 함부르크 품종을 교배해 **일본 풍토에 적합하도록 개발한 흑포도**다. 혼슈에서 규슈에 걸쳐 널리 재배되고 있으며 레드 와인용 품종 중 가장 생산량이 많은 포도라고 할 수 있다. 베일리는 비티스 라브루스카(Vitis labrusca)종의 혈통을 이어받았으므로 **딸기를 연상시키는 개성적인 향**이 있다. 코슈에 이어 2013년 **국제와인기구(OIV)에 품종 등록을 완료했다.**

코슈는 다 익으면 사진처럼 과피의 색이 핑크색으로 변한다.

머스캣 베일리 A는 일본 풍토에 맞춰 개발된 품종이다.

포도와 토양

고급 와인일수록 토양에 따라 가치가 좌우된다

와인에 관한 지식이 풍부해지면 다양한 환경의 토양에도 주의를 기울이게 된다. 확실히 같은 품종이라도 **포도가 재배되는 토양이 다르면 맛이 달라진다.**

예를 들면 부르고뉴 품종의 대명사격인 피노 누아. 붉은 베리 계열의 향이나 매우 우아한 풍미가 특징인 품종이다. 부르고뉴에서는 널리 재배되고 있지만 같은 생산지 중에서도 북부의 뉘 생 조르주나 알록스 코르통, 포마르 마을에서 생산되는 와인에는 공통적으로 다른 마을의 와인과는 확연히 다른 특징적인 풍미가 있다. 바로 이 지역들의 포도밭 토양에는 철분이 많이 함유되어 있기 때문이다.

또 나란히 줄지어 있는 밭에서 같은 피노 누아를 재배하더라도 생산되는 와인의 가격이 한쪽에서는 수백만 원대, 다른 한쪽에서는 수십만 원대로 나뉠 만큼 큰 차이가 생기기도 한다. 포도밭마다 다른 토양이 와인의 맛에 반영되어 차이가 만들어지는 것이다. 최고급 와인과 고급 와인의 차이는 결국 토양의 차이에서 발생한다고 해도 과언이 아닐 만큼 **토양의 차이는 와인의 가치를 결정하는 중요한 요소다.**

토양 정보를 확보하는 것은 테이스팅 능력을 높이는 지름길이다

포도 품종과 토양 유형에는 궁합이 있다는 점도 함께 알아두자. 부르고뉴의 피노 누아는 전 세계 생산자들이 재배를 희망하는 품종이지만 키우기가 좀처럼 쉽지 않다. 피노 누아가 **토양을 까다롭게 가리는 품종**이기 때문이다.

반면 카베르네 소비뇽이나 메를로는 세계 각지에서 성공적으로 재배하고 있다. 카베르네 소비뇽은 모래나 돌이 많아 배수성이 좋은 사력질 토양, 메를로는 보수력이 높은 점토질 토양을 선호하며 각각의 재배 적지에서 세계 최고의 와인이 생산된다.

초심자일 때는 품종을 구별하기조차 어려우므로 토양이 와인에 얼마나 큰 영향을 미치는지까지는 파악하지 못하기 마련이다. 와인의 개성과 토양 사이의 연관성을 이해하려면 **생산자가 제공하는 토양에 관한 정보를 확보**하고 그 내용을 참고하면서 테이스팅하는 습관을 기르는 것이 중요하다. 상세르 지역 등지에는 같은 생산자가 같은 아펠라시옹의 같은 포도 품종을 사용해 토양의 차이가 드러나는 와인을 양조하기도 한다. 이러한 와인을 비교해서 마시면 토양이 맛에 미치는 영향을 알 수 있다.

토양의 특징은 와인의 개성으로 나타난다.
토양 정보를 참고로 와인의 개성을 이해하면서 테이스팅을 진행해 보자.

최고 브랜드의 포도밭 살펴보기

윌리엄 페브르 × 샤블리 × 샤르도네

윌리엄 페브르는 샤블리의 1인자로 알려져 있다. 이곳 땅의 특징은 화석화된 굴껍질이 포함된 미네랄이 풍부한 **킴메리지앙** 토양이다.

샤토 라그랑쥐 × 르도 좌안(메독) × 카베르네 소비뇽

샤토 라그랑쥐의 밭은 사력질로 배수성이 매우 좋은 토지다. 빙하기에 발생한 홍수로 피레네산맥 등지에서 떠내려왔다.

페트뤼스 × 보르도 우안(포므롤) × 메를로

메를로가 좋아하는 아주 매끄러운 점토. 폭신폭신한 토질로 비가 내려도 물이 고이지 않는다. 보수력이 있으면서도 배수가 잘되는 토양이다.

조르주 뒤뵈프 × 물랭 아 방 × 가메

최고급 와인을 생산하는 보졸레의 10대 **크뤼**(밭) 일대는 가메 재배에 가장 적합한 화강암이 부서져 생성된 모래로 이루어진 배수성이 좋은 토양이다. 이곳은 그중에서도 가장 좋은 밭으로 알려져 있다.

모를란다 × 프리오라트 × 가르나차, 카리냥

와인 재배에 적합하다고 알려진 전판암. 판 모양으로 굳어진 점토질 암반이므로 배수성이 좋고 포도나무가 깊게 뿌리 내릴 수 있어 비가 적게 내려도 열매가 잘 맺힌다.

토미노오카 와이너리 × 야마나시현 × 카베르네 소비뇽, 메를로, 프티 베르도

화산력과 화산재로 구성되어 배수성이 좋고 다양한 품종에 잘 적응한다. 일본에는 화산성 토양이 많은데 그중에서도 대표적이라 할 만큼 매우 양질의 포도밭이다.

레드 와인 양조법

색소, 타닌, 향의 요소를 추출해 맛을 끌어낸다

레드 와인은 원료인 포도당이 분해되면서 **알코올 발효**가 일어나 와인으로 만들어진다. 단 '맛있는 와인'을 만들기 위해서는 생산자의 판단에 따라 다양한 **양조 기술**이 활용된다. 그렇다면 레드 와인은 과연 어떻게 만들어지며 어떤 기술이 활용되는지 살펴보도록 하자.

먼저 수확된 포도 중에서 덜 익은 것이나 원료로 사용하기 적합하지 않은 것을 골라낸다(**선별**). 최근에는 이 과정이 중요시되면서 뛰어난 성능을 갖춘 기계도 등장하고 있다. 다음으로 줄기를 제거하는 **제경** 과정을 거치면 발효 나무통 또는 발효 탱크에서 **주발효**가 시작된다. 포도 과즙과 껍질을 함께 넣어 과피에서 색소, **타닌**, 향 성분을 추출하는 **마세라시옹(침출)**을 통해 알코올 발효가 일어난다. 후반부에는 2차 발효인 말로락틱 발효(젖산 발효, Malolactic Fermentation, MLF) 과정을 거치기도 한다. 알코올 발효, 마세라시옹, **말로락틱 발효** 중 2가지 또는 3가지가 동시에 일어나기도 하며 주발효 단계에서는 이러한 과정들이 서로 복잡하게 얽히면서 벌어진다.

그 후 껍질과 씨를 제거하고 압축해 발효조에서 통으로 옮긴다. **숙성**, **앙금 분리**, **청징**, **여과**를 거쳐 **병입** 후 출하한다.

양조 순서

 공정 내에서 활용되는 양조 기술

① 수확
손으로 수확하는 방법과 기계로 수확하는 방법이 있다.

② 선별
덜 익은 것, 원료로 사용하기 적합하지 않은 것을 골라낸다.

③ 파쇄/제경
흑포도를 으깨고(파쇄) 줄기를 제거한다(제경). 제경 과정은 생략하기도 한다.

④ 주발효/마세라시옹
으깬 포도 원액(③ 과정을 거친 과즙, 과피, 과육, 씨의 혼합물로 '머스트(Must)'라고도 한다─역자 주)을 나무통이나 탱크에 넣고 효모를 첨가해 발효시킨다.

⑤ 압착
발효가 끝나면 액체(와인)를 분리하고 남은 과피나 씨를 압착기로 짜낸다.

⑥ 말로라틱 발효
와인 안에 있는 **사과산**을 젖산균의 활동을 통해 **젖산**으로 바꾼다.

⑦ 나무통/탱크 숙성
와인을 나무통 또는 탱크에 옮겨 담고 저장고에서 숙성시킨다.

⑧ 앙금 분리
와인에 포함된 앙금을 제거하기 위해 다른 용기로 옮긴다.

⑨ 청징/여과
필요할 경우 청징, **여과**를 진행한다. 이 과정은 생략하기도 한다.

⑩ 병입
병에 담는다. 바로 출하하는 와인도 있지만 저장고에서 숙성시키는 와인도 있다.

레드 와인은 어떻게 만들어지는지,
또 양조 기술의 종류에는 어떤 것들이 있는지 살펴보자.

레드 와인 양조법

선별

하나의 포도송이 내에서도 모든 포도알의 숙도가 같은 것은 아니다. 사진 속에서는 손으로 골라내고 있지만 요즘은 한알 한알의 당도를 측정해 풍압으로 적합하지 않은 포도알을 골라내는 기계도 등장하고 있다. 따라서 더욱 당도 높은 포도만을 사용한 우수한 와인을 양조할 수 있게 되었다. 실제로 샤토 라그랑쥐에서 그 기계를 도입해 사용하고 있다.

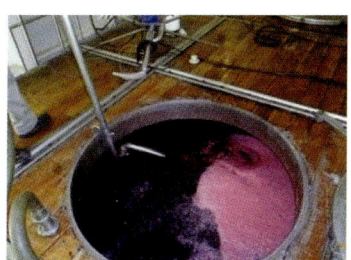

르몽타지와 피자주

마세라시옹을 진행할 때 펌프로 끌어올린 과즙을 위에서 세게 쏟아붓는 **르몽타지(Remontage)**, 위로 떠올라 있는 껍질(덮개같이 단단한 층) 등을 막대기로 휘저어 천천히 가라앉히면서 추출을 촉진하는 **피자주(Pigeage)**를 실시한다. 르몽타지는 보르도, 피자주는 부르고뉴에서 실시하는 방법이다. 세계 각국의 생산지에서는 이 2가지의 장점을 활용해 마세라시옹을 진행하고 있다.

말로라틱 발효(MLF)

말로라틱 발효로 신맛이 완화되어 부드러워지고 **복잡성**이나 풍부한 향을 자아낸다. 이 발효 과정은 양조가가 만들고자 하는 와인에 맞춰 선택적으로 실시한다.

181

화이트 와인 양조법

공정과 기술에 따라 다양한 개성이 탄생한다

화이트 와인의 발효 시스템과 양조 공정의 기본적인 순서는 레드 와인과 같지만 큰 차이점이 하나 있다. 바로 **과피에서 색소나 타닌을 추출할 필요가 없다는 점**이다. 단 일부 생산자는 과피의 신선한 향을 추출하기 위해 파쇄 후 바로 압착하지 않고 과즙과 과피를 접촉시키는 **스킨 콘택트(Skin Contact)**를 실시하기도 한다.

화이트 와인 양조법의 순서를 살펴보자. 먼저 포도알 선별, 파쇄와 제경 과정을 거쳐 압착한 후 포도에서 흘러나온 과즙을 발효 탱크로 옮긴다. 그다음 데부르바주(Debourbage)라고 하는 정화 과정을 거친다. 방금 짜낸 탁한 과즙을 잠시 저온에 두었다가 불순물이 가라앉으면 맑은 과즙을 사용해 알코올 발효를 진행한다. 대체로 스테인리스 탱크에서 발효시키는데 한층 더 차별화된 고급 와인을 생산하는 기술 중 하나인 나무통 발효를 선호하는 생산자도 있다. 화이트 와인의 경우 산도가 낮은 지역이나 상쾌한 신맛을 남기고 싶을 때는 **말로라틱 발효**(→P.180)를 하지 않는다.

화이트 와인은 스테인리스 탱크에서 후처리까지 마치고 출하하는 와인과 나무통 숙성을 거쳐 출하하는 와인으로 나뉜다. 공정과 기술을 적절히 선택하면 개성적인 화이트 와인을 완성할 수 있다.

양조 과정

▶ 공정 내에서 활용되는 양조 기술

① 수확
손이나 기계로 과실을 수확한다.

② 선별
덜 익은 것, 원료로 사용하기 적합하지 않은 것을 골라낸다.

③ 파쇄/제경:
백포도 또는 흑포도를 으깨고(파쇄) 줄기를 제거한다(제경). 제경 과정은 생략하기도 한다.

④ 압착
빠르게 압착기로 과즙을 추출한다.

⑤ 데부르바주/주압착
저온에서 한나절 정도 안정시켜 불순물을 가라앉힌 후 위쪽의 맑은 과즙에 효모를 첨가해 발효시킨다.

⑥ 말로라틱 발효
와인 안에 있는 사과산을 젖산균의 활동을 통해 젖산으로 바꾼다. 이 과정은 생략하기도 한다.

⑦ 나무통/탱크 숙성
와인을 나무통 또는 탱크에 옮겨 담고 저장고에서 숙성시킨다.

⑧ 앙금 분리
와인에 포함된 앙금을 제거하기 위해 다른 용기로 옮긴다.

⑨ 청징/여과
필요할 경우 청징, 여과를 진행한다. 이 과정은 생략하기도 한다.

⑩ 병입
병에 담는다. 바로 출하하는 와인도 있지만 저장고에서 숙성시키는 와인도 있다.

화이트 와인은 어떻게 만들어지는지,
또 양조 기술의 종류에는 어떤 것들이 있는지 살펴보자.

화이트 와인 양조법

스킨 콘택트

과즙과 과피를 접촉시킨다. 깔끔하고 프루티한 향을 살린 와인을 만들 때 자주 사용되는 기술이다. 접촉 시간은 어떤 와인을 만드느냐에 따라 달라지는데 발효 전 며칠에서 몇 주에 걸쳐 실시한다. 과피에 담겨 있는 향이 와인에 배어 나와 포도의 풍미, 과실미를 충분히 느낄 수 있고 복잡미가 있으면서도 가볍게 마시기 좋은 와인으로 완성된다.

스테인리스 발효과 나무통 발효

스테인리스 탱크는 발효 시의 온도 관리와 탱크 자체의 청결 관리가 쉽다는 장점이 있다. 반면 **나무통을 사용하면 나무에서 유래된 요소가 와인에 영향을 미친다.** 조금씩 산소가 공급되면서 변화를 일으키고 복잡성도 커진다. 부르고뉴의 고급 와인을 양조하는 생산자들은 대체로 나무통 발효를 선호한다.

나무통 숙성

발효가 끝난 와인을 나무통에서 숙성시키는 과정을 거치기도 한다. 이 과정에서 와인에 매우 **복잡하고 중후한 풍미가 생긴다.** 숙성용 나무통에는 새로운 나무통과 오래된 나무통이 있는데 새로운 나무통에서 숙성시키면 더 힘차고 중후함이 느껴지는 와인으로 완성된다. 통 하나의 가격이 약 100~200만 원에 이를 정도로 비싸기 때문에 고가에 판매 가능한 와인일 때만 새로운 통의 사용 비율을 높일 수 있다.

로제 와인 양조법

핑크색 와인을 통틀어 일컫는 '로제 와인'. 화이트 와인의 풍미와 레드 와인의 풍미까지 느낄 수 있는 다양한 맛이 매력적이다.

흑포도를 사용해 다양한 로제 와인을 만든다

로제 와인에는 3가지 양조법이 있다. 첫 번째는 **세니에(Saigniee)** 방식이다. 세니에 방식은 **흑포도를 사용해 레드 와인과 같은 공정으로 양조**한다. 파쇄와 제경을 거쳐 과즙과 과피, 씨를 함께 담가둔다. 알맞은 색이 나오면 과즙을 빼내어(세니에) 화이트 와인과 마찬가지로 저온에서 발효시킨다. 마세라시옹 방식이라고 불리기도 한다. 두 번째는 **직접 압착 방식**이다. **흑포도를 사용해 화이트 와인과 같은 양조법**으로 만든다. 파쇄와 압착을 거친 후 과즙만 발효시키는 것이다. 포도에 포함된 색소가 많아 압착하기만 해도 아름다운 로제빛이 나온다. 세 번째는 **블랜딩(혼합) 방식**이다. 세니에 방식과 거의 비슷한 과정을 거친다. 단 **흑포도와 백포도를 모두 사용해 발효시키는 양조법**이라는 점에서 세니에 방식과 다르다. 유럽에서 생산되는 레드와 화이트의 **스틸 와인**을 혼합해 로제 와인을 만드는 방법은 샹파뉴를 제외한 다른 지역에서는 와인법으로 금지되어 있다.

로제 와인의 3가지 양조법

 A 세니에 방식

흑포도를 레드 와인과 같은 공정으로 양조한다. 대표적인 와인으로는 프랑스 루아르의 타벨이나 프로방스 코르시카 섬의 로제 와인를 꼽을 수 있다.

 B 직접 압착 방식

흑포도를 화이트 와인과 같은 공정으로 양조한다. 파쇄와 압착 과정을 진행할 때 과피에서 과즙으로 옮겨지는 색깔이 로제빛을 띤다. 미국의 블러시 와인이 대표적이다.

 C 블랜딩(혼합) 방식

흑포도와 백포도가 혼합된 상태의 으깬 포도 원액을 발효시켜 만든다. 독일의 로틀링에서 이용되고 있는 양조법이다.

세니에 방식으로 만든 '재팬 프리미엄 머스캣 베일리 A 로제'

블러시 와인 '캘리포니아 화이트 진판델 베린저 빈야드'

블랜딩 방식으로 만든 '로틀링 도이처 타펠바인'

스파클링 와인 양조법

**최고급 와인부터 캐주얼한 와인까지
양조법에 따라 다양한 유형의 와인이 탄생한다.**

대조적인 풍미를 만드는 병 내 2차 발효와 샤르마 방식

스파클링 와인에는 여러 종류의 양조법이 있다. 그중에서 주로 사용되는 양조법은 병 내 2차 발효와 **샤르마(Charmat) 방식**이다.

병 내 2차 발효는 샹파뉴로 대표된다. 와인에 복잡한 맛이 더해져 고급스럽게 완성된다. 프랑스 **샹파뉴 지역 이외의 생산지에서 만들어진 스파클링 와인은 크레망(Cremant)** 이라고 불린다. 병 내 2차 발효 방식은 세계 각지에서 도입되고 있으며 이탈리아 프란치아코르타나 스페인의 카바가 유명하다.

반면 샤르마 방식으로 만든 와인은 순수하고 산뜻하며 아로마틱한 풍미가 특징이다. 대체로 캐주얼하게 즐기기 좋다. 세계 여러 나라에서 널리 생산되고 있으며 대표적인 와인으로는 이탈리아의 프로세코나 아스티 스푸만테가 있다.

스파클링 와인의 주요 양조법

 A 병 내 2차 발효(전통 방식)

병 안에 1차 발효된 스틸 와인과 당, 효모를 넣고 마개를 닫아 다시 발효시킨다. 병 안에서 알코올 발효가 일어나면서 탄산가스가 발생한다. 그 후 앙금을 제거하고 코르크 마개를 닫아 출하한다. 샹파뉴나 스페인의 카바 등에 사용되는 방식이다.

 B 샤르마 방식

탱크에 스틸 와인을 넣어 2차 발효를 진행하는 방식이다. 필터로 앙금을 제거한 다음 병에 담아 출하한다. 샤르마 방식은 포도 품종의 향을 그대로 살리고자 할 때 주로 사용된다.

Column 8

시음회는 합리적인 가격으로
귀중한 체험을 할 수 있는 절호의 기회!

요즘에는 대도시를 중심으로 일반인도 입장 가능한 대규모 시음회가 다양하게 열리고 있습니다. 여러 종류의 와인을 동시에 맛볼 수 있는 시음회는 와인을 공부하는 사람들에게는 절호의 기회지요. 폭넓은 주제로 세계 각국의 와인이 한자리에 모이는 시음회에서는 유명한 생산지의 와인은 물론 국내에서는 쉽게 접할 수 없는 마이너한 생산지의 와인도 맛볼 수 있습니다. 입장료나 참가비를 내면 와인을 마실 때마다 번번이 요금을 지불할 필요 없이 편하게 많은 와인을 테이스팅할 수 있습니다.

이러한 시음회에 참가할 기회가 생긴다면 반드시 주제를 정해서 테이스팅하는 것이 좋습니다. 계획 없이 와인을 맛보다 보면 혼란스럽기만 할 뿐 아무런 정보도 얻을 수 없습니다. 이를테면 '마이너한 생산지' '산지오베제' ' 뉴질랜드산 와인'등 집중적으로 시음할 와인의 주제를 정하고 정보를 수집해 봅시다.

주류판매점 또는 와인숍의 주최로 시음회가 열리거나 레스토랑에서 자체적으로 꾸리는 와인 모임이 마련되기도 합니다. 고객 서비스 차원에서 제공되는 합리적인 가격에 참가 가능한 기회도 많으니 적절히 잘 이용하면 좋습니다.

특히 와인 관련 협회에서 개최하는 시음회나 테이스팅 세미나는 협회 회원만을 대상으로 하는 경우도 있지만 참가비를 내면 일반인도 참가할 수 있는 이벤트도 많이 있습니다. 이러한 시음회에는 세계 수준급 소믈리에나 생산자가 강사로 초청되기도 하니 기회를 잘 찾으면 테이스팅과 함께 평소에 쉽게 접하지 못하는 이야기까지 듣는 귀중한 체험을 할 수 있을 것입니다.

Part 7
블라인드 테이스팅

와인 테이스팅의 모든 것이 총집합된
블라인드 테이스팅에 도전해 보자.

블라인드 테이스팅 방법

 초심자는 생산지의 남북 입지를 의식하고 가설과 검증을 반복한다

Part 1~6의 과정을 거치면서 테이스팅에 어느 정도 자신감이 생겼을 것이다. 그렇다면 50페이지의 칼럼에서 소개했던 **블라인드 테이스팅**에 도전해 보자. 실력을 더욱 높이고 테이스팅의 어려움을 실감하는 경험이 될 것이다.

단 초심자는 머릿속에 파일 정보가 채워져 있지 않으면 정답에 가까운 답조차 떠오르지 않아 아무런 즐거움도 느낄 수 없다. 그러니 어느 정도 정보를 수집한 후에 도전하기를 권한다.

파일 정보가 많지 않은 사람이 블라인드 테이스팅을 진행하면 매우 직선적인 방법으로 결론을 도출하게 된다. 이때 중요한 점은 Part 1~4의 순서대로 **가설을 세우는 것**과 그 가설을 **반복적으로 확인하면서 테이스팅을 진행하는 것**이다. 블라인드 테이스팅은 정답을 알 수 없기 때문에 다양한 가능성을 예측해야 한다. 범위를 좁혀나가는 데는 '**생산지의 남북 입지**'를 염두에 두는 것이 유용하다. 외관, 향, 맛의 모든 측면에서 항상 남북 입지를 의식하다 보면 서서히 범위가 좁혀질 것이다. 그러면 자연스럽게 주저하지 않고 조금씩 정답에 가까이 다가갈 수 있다.

 숙련자는 복합적인 가설을 설정하고 확실하게 결론을 도출한다

중급자나 상급자가 되면 머릿속 파일에 정리된 **각각의 정보에 상호 연관성**이 나타나고 생산자별로 **아펠라시옹**(생산지)이나 **빈티지** 정보가 가득해질 것이다. 따라서 설정하는 가설의 범위가 초심자와는 크게 달라진다. 블라인드 테이스팅이 어려운 이유는 무수한 가능성 중에서 최종적으로 한 가지 결론을 내려야 한다는 점에 있다.

예를 들면 중간 정도의 산도에 부드러운 신맛을 가진 와인이 있다고 가정해 보자. 남북 입지 조건으로 보면 중간에 위치한 지역의 와인일 수도 있지만 산도가 높은 북쪽 지역의 와인이 말로라틱 발효 등의 과정을 거쳐 신맛이 완화된 것일 가능성도 있다. 이러한 예측의 범위를 서둘러 좁혀나가기보다는 다양한 조건이 얽혀 있는 상태에서 가설을 세우면 몇 가지 가능성을 검증할 수 있다. 오히려 너무 많이 아는 것이 억측을 낳고 잘못된 방향으로 몰아가기도 하므로 주의 깊게 살피면서 진행하도록 하자. 익숙해질 때까지는 190페이지에서부터 나오는 판단 기준표를 가까이 두고 가설부터 결론까지 이어지는 흐름을 반복적으로 연습하는 것이 좋다.

블라인드 테이스팅을 할 때
주저하지 않고 답할 수 있도록 연습해 보자.

블라인드 테이스팅의 판단 예

STEP 1 색을 관찰하고 향과 맛의 가설을 설정한다

외관의 색을 관찰한다. 예를 들면 색조가 옅고 초록빛이 감돌며 광채가 나는 와인이 있다고 가정해 보자. 남북 입지를 바탕으로 서늘한 북쪽 생산지에서 만들어진 감귤 계열의 향이 나는 신맛이 강한 와인이라는 가설을 세울 수 있다.

STEP 2 가설로 설정한 향과 실제 향의 차이를 확인한다

향을 맡는다. 색이 연한 화이트 와인의 **이미지 팔레트**(→P.64)를 머릿속에 떠올리며 실제 향과 비교한다. 예를 들어 감귤 계열이나 식물의 푸른 이미지가 느껴졌다면 포도 품종의 범위를 소비뇽 블랑, 뮈스카데, 코슈로 좁힐 수 있다. 하지만 가설과 실제의 차이가 크다면 STEP①로 되돌아간다.

STEP 3 가설로 설정한 맛과 실제 맛의 차이를 확인한다

STEP①의 외관, STEP②의 실제 향을 통해 설정한 가설과 와인의 실제 맛을 비교하면서 차이를 확인한다. 예를 들면 신맛이 상당히 강한 와인으로 블랙 커런트 새순의 향이 느껴진다면 뉴질랜드의 소비뇽 블랑이라고 추측할 수 있다.

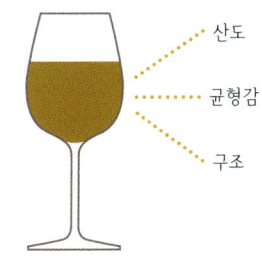

산도
균형감
구조

판단 STEP①, ②, ③의 정보를 종합해 품종과 생산지를 찾아낸다.

가설이 틀렸다면?
STEP①, ②, ③의 과정을 순서와 상관없이 반복하면서 가설을 수정하고 다시 한번 STEP①, ②, ③의 확인을 거쳐 판단의 결론을 내린다.

 블라인드 테이스팅을 할 때는 생각이 지나치게 많아지면 결론이 오히려 엉뚱한 방향으로 흘러갈 수 있다는 사실을 기억합시다!

레드 와인의 판단 기준표

STEP 1 색을 관찰해 향과 맛의 가설을 설정하고 색의 남북 입지를 확인한다

색: 연하다 ←——————→

향

STEP 2 가설로 설정한 향과 실제 향의 차이, 향의 남북 입지를 확인한다

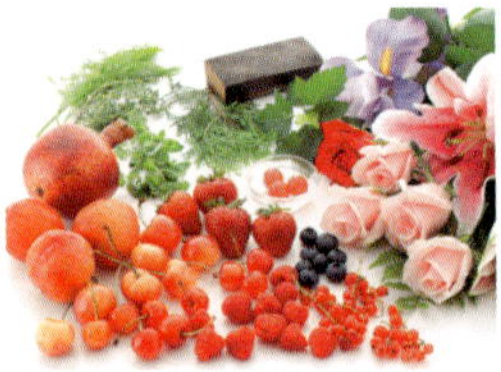

인상: 붉은 베리 계열, 핑크색 꽃, 허브 | 붉은 베리와 검은 베리의 혼합, 식물 계열 | 검은 베리 계열,

← 붉은 베리 계열

딸기, 앵두, 프랑부아즈(라즈베리)			플럼(서양자두)	아메리칸 체리	블루베리
【향】 ・라즈베리 ・레드 커런트			【외관】 ・시든 듯한 갈색(초장기 숙성이 법률로 의무화되어 있음)		
【향】 ・딸기 ・폭시 플레이버(Foxy Flavor)	【향】 ・프루티 ・딸기 ・보졸레 빌라주의 10대 크뤼 외에는 거의 나무통 숙성을 하지 않는다	【향】 ・베리 계열 ・홍차 ・나무통 ・약간의 동물적인 뉘앙스 ・복잡하다	【향】 ・말린 플럼 ・블랙 올리브 ・쇠 느낌 ・나무통 ・동물 계열	【향】 ・약간의 서양 삼나무 ・붉은 과실에서 푸른 과실의 뉘앙스	【향】 ・검은 과실 ・나무통 ・특징적인 아메리칸 오크의 향이 드러날 때가 많다

특징적인 키워드

STEP 3 가설로 설정한 맛과 실제 맛의 차이, 맛의 남북 입지를 확인한다

【맛】 ・발랄하다 ・프루티하다 ・타닌이 적다	【맛】 ・발랄하다 ・프루티하다 ・타닌이 적다	【맛】 ・구조는 크지만 타닌은 그리 많지 않다 ・장기 숙성이 가능하므로 숙성된 와인을 접할 가능성이 있다	【맛】 ・타닌이 강렬하다 ・구조도 크다	【맛】 ・발랄하다 ・신맛이 있어 북쪽 생산지가 연상된다	【맛】 ・과실미와 숙성감이 느껴진다(초장기 숙성이 법률로 의무화되어 있음)
머스캣 베일리 A	가메	피노 누아	네비올로	카베르네 프랑	템프라니요

P.42에서 소개한 생산지의 남북 입지를 항상 의식하면서 레드 와인의 포도 품종을 추측해 보자.

레드 와인의 판단 기준표

진하다

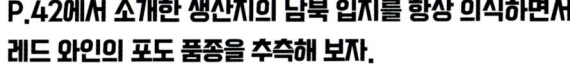

푸른 뉘앙스 ← → 검은 베리 계열, 향신료, 건조된 뉘앙스 → 검은 베리 계열

블랙 커런트, 블랙 체리, 블랙베리

		【외관】짙다	【외관】짙다	【외관】매우 짙다	【외관】짙다
【향】 • 푸른 과실, 파란색 꽃 • 향신료의 요소가 있지만 흑후추 향은 많지 않다 • 약간의 동물적인 뉘앙스	【향】 • 푸른 과실 • 파란색 꽃과 식물이 합쳐진 차조기의 이미지	【향】 • 검은 베리 계열 • 나무통 향이 느껴질 때가 많다	【향】 • 고기 • 가죽 • 지비에(야생동물 고기 요리) • 흑후추 • 나무통 향이 느껴질 때가 많다	【향】 • 농후한 검은 과실 • 흑후추 • 유칼립투스 • 나무통 향이 느껴질 때가 많다	【향】 • 파란색에서 검은색 베리 계열 • 과거에는 대체로 서양 삼나무 향이 선명하게 드러났지만 최근에는 적절히 조절 가능한 생산자가 많아졌다 • 나무통 향이 느껴질 때가 많다 • 복잡하다
【맛】 • 온화하며 타닌은 촘촘하지만 모나지 않은 부드러움을 갖고 있다 • 풍부한 느낌	【맛】 • 온화하며 타닌은 촘촘하지만 모나지 않은 부드러움을 갖고 있다 • 꽉 채워진 느낌	【맛】 • 온화하며 타닌은 촘촘하지만 모나지 않은 부드러움을 갖고 있다 • 풍부한 느낌	【맛】 • 응축감이 있지만 호주의 쉬라즈보다는 적다. 신맛도 확실하게 드러난다.	【맛】 • 농후하고 박력 있으며 잼처럼 꽉 채워진 느낌	【맛】 • 구조가 큰 와인이 많고 타닌도 매우 풍부하다 • 타닌의 구조가 견고할 뿐 아니라 타닌을 제외한 바디도 대체로 바디도 크다 • 장기 숙성이 가능하므로 숙성된 와인을 접할 가능성이 있다
그르나슈	**말벡**	**메를로**	**쉬라**	**쉬라즈(호주)**	**카베르네 소비뇽**

화이트 와인의 판단 기준표

STEP 1 색을 관찰해 향과 맛의 가설을 설정하고 색의 남북 입지를 확인한다

색

연하다 ←──────────────────────────────→

향

STEP 2 가설로 설정한 향과 실제 향의 차이, 향의 남북 입지를 확인한다

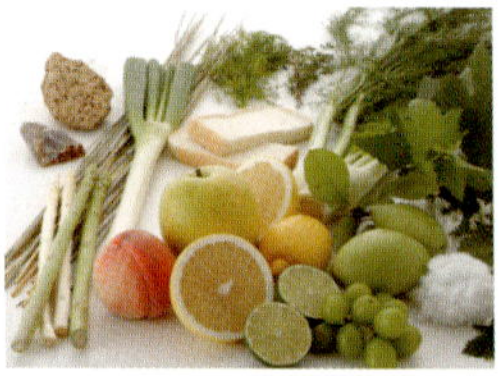

감귤 계열, 식물 계열, 미네랄감 　　　　　 백도, 단맛, 허브, 하얀 이미지

인상

←──────────────────────────────→　　←──────

| 시원함, 라임, 레몬 | 사과 | 그레이프프루트 | | | 백도, 황도, 살구 |

특징적인 키워드

【향】
- 푸른 사과
- 미네랄

【향】
- 은은하다
- 팽 드미

【향】 은은하다
【외관】
- 핑크색 색조를 띠기도 한다

【향】
- 술재강의 뉘앙스, 감귤 계열

【향】 그레이프프루트

【향】
- 과실 중에서는 사과가 주를 이룬다
- 상쾌한 감귤과 미네랄 향도 나타난다

【향】
- 은은하다

【향】
- 백도~황도
- 페트롤(석유)

STEP 3 가설로 설정한 맛과 실제 맛의 차이, 맛의 남북 입지를 확인한다

【맛】
- 신맛이 비교적 강하다
- 바디가 비교적 작은 편이다

【맛】
- 신맛이 비교적 약하다
- 바디가 작은 편이다

【맛】 경쾌하고 깔끔한 신맛

【맛】
- 발랄하다
- 뒷맛으로 신맛이 느껴진다

【맛】
- 발랄하다
- 뒷맛으로 신맛이 느껴진다

【맛】
- 우아하다
- 골격이 느껴지는 것도 있다
- 신맛이 풍부하다

→ **뮈스카데** ／ **코슈** ／ **소비뇽 블랑** ／ **샤르도네(나무통 미사용)** ／ **알리고테** ／ **리슬링**

【향】
- 블랙 커런트 새순
- 화사한 그레이프프루트

【맛】 신맛이 꽤 강하다

→ **소비뇽 블랑(뉴질랜드)**

【향】
- 은은한 화이트 아스파라거스
- 은은한 그레이프프루트

【맛】 미네랄감이 있다

→ **소비뇽 블랑(루아르강 최상류부)**

생산지의 남북 입지를 의식하면서
화이트 와인의 블라인드 테이스팅을 진행해 보자.

화이트 와인의 판단 기준표

진하다

노란 과실, 남국 계열 과실 | 진한 뉘앙스

열대 과일 | 나무통의 이미지

【향】
· 모과
· 마르멜로(유럽 모과)
· 노란 사과, 살구

【향】
· 풍부하다
· 전형적인 머스캣 향이 풍긴다

【향】
· 망고 등 남국 계열 과실
· 재스민

【향】
· 선명한 리치
· 하얀 장미
· 스파이시함

【향】
· 나무통
· 사과
· 서양배

【향】
· 나무통
· 팽 그릴
· 서양배

【향】
· 귀부 향
· 벌꿀
· 나무통

【맛】
· 신맛이 강하다
· 드라이, 미디엄 스위트, 스위트 등 맛이 다양하다

【맛】
· 바디감이 있다
· 신맛이 온화하다

【맛】
· 약한 신맛, 씁쓰레한 뒷맛

【맛】
· 신맛은 적당하거나 적은 편이다

【맛】
· 농밀하고 풍부하다
· 맛에서도 팽 그릴이 느껴진다

【맛】
· 매우 달콤하다

슈냉 블랑 | 머스캣 | 비오니에 | 게뷔르츠트라미너 | 소비뇽 블랑 | 샤르도네(나무통 사용) | 귀부 와인

보르도의 소비뇽 블랑과 블랜딩된 것

추천사

2000년 가을부터 와인에 빠져 어느새 20년째 와인과 함께 하는 삶을 살아오고 있습니다. 더욱이 2005년부터는 '소믈리에(Sommelier)'란 직업으로 현재까지 살아오고 있으니 내 인생에서 와인을 만난 것은 운명이자 커다란 선물이라고 생각한다. 하지만 아직도 많은 사람들이 '와인'이라는 주제에 대해서는 두려움을 갖고 있는 듯합니다. 와인 이름의 발음을 틀리게 발음할까봐, 선택한 와인이 초대객을 실망시킬까봐. 다양한 걱정으로 노심초사하며, 즐거워야 할 식사가 초조한 시간이 되어버리곤 한다.

하지만 와인 마시는 것이 일상인 사람들은 이런 걱정에 시달리지 않습니다. 프랑스나 이태리의 시골 마을 레스토랑에 가보자. 웨이터들은 테이블 위에 와인을 가득 담은 피처를 쿵 하고 내려 놓는다. 와인을 마시는 것이 물 마시는 것처럼 자연스럽다. 라벨과 빈티지에 대한 걱정으로 인해 때때로 와인이 즐거움을 준다는 사실을 잊어버리지는 않는가? 친구들과 함께 와인을 나누기 위해 와인을 선택하거나, 특별한 날을 위해 와인을 선택할 때나, 단순히 분위기나 행사의 성격에 따라 와인을 고를 때에도 와인을 마신다는 즐거움 외에 또 무엇이 있을까? 어쩌면 20년 가까이 와인에 빠진 인생을 살고 있지만 대중들에게 가장 이야기하고 싶은 것은 와인은 지식에 앞서 누구에게나 즐거움을 안겨줄수 있는 음료라는 사실이다.

혹시나 와인의 세계를 탐험하기 시작했다면, 이 책은 여러분에게 탐험의 즐거움을 배가 시켜줄수 테이스팅의 길라잡이 역활을 해줄 것이다. 필자 역시 여러 번의 소믈리에 대회를 도전하면서 가장 어려웠던 테스트가 '블라인드 테이스팅' 으로 여러 잔의 와인에 담겨 있는 와인을 아무런 정보가 주어지지 않은 상태에서 테이스팅 하고 각 와인의 품종과 생산지역, 빈티지 그리고 입안에서 전

체적으로 느껴지는 와인의 풍미를 종합하여 서술하는 테스트를 몇년동안 반복해서 도전했었다. 만약 10년전 쯤에 이 책이 출간되었다면 대회에 도전하는데 사용한 수백병의 와인 시음 비용을 조금은 줄일수 있지 않았을까 하는 아쉬움마저 든다.

그만큼 이 책은 와인의 '테이스팅'이라는 주제에 집중하여 레드 와인과 화이트 와인의 색조, 와인의 숙성 단계별 색의 변화, 향 감지하는 방법과 향이 주는 인상 그리고 향을 표현하는 용어들에 대해서 체계적인 정리와 다양한 사진을 통해 직관적으로 인지할수 있다. 마지막으로 수 많은 양조용 품종중에서 가장 빈번하게 접할 수 있는 대표적인 37가지 품종의 와인들에 대한 테이스팅 노트와 지역과 빈티지에 따른 색깔의 변화와 향에 대해서도 학습할 수 있는 좋은 구성을 보여주고 있다. 와인 애호가나 소믈리에들에게 가장 큰 어려움이 와인을 마시고 표현하는 테이스팅이였을 텐데 이 책은 바로 가장 어려운 부분을 주제로 우리에게 지름길을 제안해 주고 있다.

와인인문학자 정하봉

Index

ㄱ

가넷색 39
가르나차 119
가메 117
갈색 41
갈색빛을 띤 붉은색 39
게뷔르츠트라미너 135
게뷔르츠트라미너 퀴베 테오 135
게오르그 브로이어 슈페트부르군더 루즈 48
광채 35
균형감 99
그레이스 그리 드 코슈 48, 145
그르나슈 119
글리세린 36, 95
금빛을 띤 노란색 41

ㄴ

남북 입지 36
네비올로 116
노쇠한 느낌의 이미지 팔레트 62, 70
농담 33

ㄷ

단맛/신맛 93
데부르바주(Debourbage) 182
돌체토 126
디스크 32, 33

ㄹ

라 레프레 돌체토 디아노 달바 126
라르므 37
람브루스코 127
로랑 페리에 퀴베 로제 110
로스 바스코스 그랑 리저브 107
로스 바스코스 소비뇽 블랑 132
로스 바스코스 카르메네르 그랑 리저브 123
로제 와인 184
루비색 38
르몽타지 181
르 피에프 드 라그랑쥐 12
리슬링 133
리슬링 바그람 134
리슬링 퀴베 테오 133
리슬링 트로겐 133

ㅁ

마세라시옹 10
마티유 코스 솔리스 48, 121
말로라틱 발효(MLF) 181
말벡 121
머스캣 137
머스캣 베일리 A 124
머스캣 베일리 A 2010 124
머스트(Must) 180
메를로 112

메티스 111
모를란다 레드 119
몽텔리 도멘 부샤르 페르 에 피스 13
뫼르소 쥬느브리에르 129
무색투명에 가까운 색 40
뮈스카데 142
뮈스카데 세브르 에 멘 퀴베 셀렉션 데 코네트 142
뮈스카 리저브 137
미라피오레 랑게 네비올로 116

ㅂ

바디 93
바르바레스코 비네토 발레이라노 116
바르베라 126
바토나주(Batonnage) 44
발두본 크리안사 120
발포성 32, 33
베른카스텔러 독토 리슬링 카비넷 134
벽돌색 39
병 내 2차 발효 185
병입 34
복잡성 98
본 그레브 비뉴 드 랑팡 제쥐 110
본 그레브 비뉴 드 랑팡 제쥐 도멘 부샤르 페르 에 피스 19
본테라 비오니에 138
본테라 진판델 122
본테라 카베르네 소비뇽 107
부르고뉴 샤르도네 라 비네 128

부르고뉴 알리고테 146
부르고뉴 피노 누아 라 비네 109
부르고뉴 피노 누아 라 비네 부샤르 페르 에 피스 18
부브레 140
부브레 리치 140
부쇼네 90
부쇼네(Bouchonne) 49
부즈롱 146
뷔르츠부르크 압츨레이테 실바너 트로켄 143
브로이어 루즈 110
브루넬로 디 몬탈치노 118
블라인드 테이스팅 50
블랑 드 블랑 130
블랜딩(혼합) 방식 184
비냐 마이포 리제르바 비트랄 쉬라 114
비냐 마이포 카르메네르 123
비오니에 138
비온타 알바리뇨 142

ㅅ

사비니 레 본 오 그랑 리아 109
산지오베제 118
산타 캐롤리나 메를로 그랑 리제르바 113
산타 캐롤리나 스페셜티스 카리냥 125
산타 캐롤리나 카르메네르 리제르바 123
산토리 재팬 프리미엄 다카야마무라 샤르도네 129
산토리 재팬 프리미엄 머스캣 베일리 A 124

197

산토리 재팬 프리미엄 시오지리 머스캣
　베일리 A 124
산토리 재팬 프리미엄 아즈미노 소비뇽 블랑
　132
산토리 재팬 프리미엄 코슈 145
산토리 토미노오카 와이너리 토미노오카
　코슈 145
산트 발렌틴 알토 아디제 게뷔르츠트라미너
　135
산트 발렌틴 알토 아디제 피노 그리지오
　139
상세르 블랑 131
색조 33
샤르도네 128
샤르마 방식 185
샤토네프 뒤 파프 루즈 119
샤토 도게 111
샤토 뒤아르 밀롱 107
샤토 라그랑쥐 106
샤토 라그랑쥐 2002 17
샤토 라그랑쥐 2011 16
샤토 물랭 뒤 카데 112
샤토 생 진 메를로 소노마 카운티 112
샤토 카르보니외 131
세니에(Saigniee) 184
세미용 141
소마 트레비아노 다브루초 144
소비뇽 블랑 131, 132
솔라 비에호 리제르바 120
솔라 비에호 크리안사 120

쉬농 클로 드 튀르프네 111
쉬라 114
쉬라즈 114
쉬르 리(Sur Lie) 73
슈냉 블랑 140
슈냉 블랑 화이트 140
스월링 25, 53
스킨 콘택트(Skin Contact) 182
실바너 143
싱글 빈야드 스티븐스 헌터 세미용 141

ㅇ

아로마 휠 74
아펠라시옹 188
알리고테 146
알리아니코 125
알바리뇨 142
암포라 23
어린 느낌의 이미지 팔레트 60, 68
어택 93
에라스 오리건 피노 누아 109
엣지 33
여운(애프터 테이스트) 93
연한 노란색 40
연한 느낌의 이미지 팔레트 56, 64
오렌지빛을 띤 붉은색 38
오로비테 몰리세 트레비아노 144
오프너 24
윌리엄 페브르 샤블리 129
이미지 팔레트 54

ㅈ

잔류 당분 95
재팬 프리미엄 시오지리 메를로 113
점성 33
조르주 뒤뵈프 물랭 아 방 117
조르주 뒤뵈프 보졸레 117
조르주 뒤뵈프 플뢰리 117
쥬브레 샹베르탱 110
직접 압착 방식 184
진판델 122
진한 노란색 41
진한 느낌의 이미지 팔레트 58, 66

ㅊ

청자색 38
청징 34
체레토 모스카토 다스티 137
체레토 바롤로 116
초록빛을 띤 색 40

ㅋ

카로 아루마 말벡 121
카르메네르 123
카르메스 드 리외세크 141
카리냥 125
카리아 샤르도네 129
카베르네 소비뇽 12, 106
카베르네 프랑 111
카보닉 마세라시옹 12, 73

카스텔로 디 폰테루톨리 키안티 클라시코 118
카테나 말벡 121
카테나 샤르도네 130
카테나 알라모스 토론테스 136
캐시드럴 셀러 쉬라즈 레드 115
캐시드럴 셀러 카베르네 소비뇽 108
캐시드럴 셀러 피노타지 127
컬럼비아 밸리 메를로 113
코슈 145
코야마 윌리엄 빈야드 피노 누아 109
콜드 크릭 빈야드 리슬링 134
콩드리외 138
쿠프 글라스 55
크로즈 에르미타주 성스 루즈 파욜 피스 에 피유 14
크로즈 에르미타주 클로 레 코르니레 114
크리스털 같은 광채 35

ㅌ

타닌 10
타닌(떫은맛) 93
타베넬로 람브루스코 에밀리아 로소 127
타베넬로 산지오베제 디 로마냐 118
타우라시 125
타페냐 가르나차 119
테이스팅 22
테크니컬 시트 26, 27
템프라니요 120
토론테스 136

토미 레드 107
투명도 32, 33
트레비아노 144
트리부 토론테스 136

ㅍ

파파제냐 바르베라 달바 슈페리오레 126
팽 드미 73
페우도 모나치 프리미티보 살렌토 로소 122
펜폴즈 BIN 28 칼림나 쉬라즈 15, 115
폴리페놀 44
푸이 퓌세 퀴베 암펠롭시스 128
퓌메 블랑 소노마 카운티 132
프란시스 포드 코폴라 디렉터스 컷 드라이
   크릭 밸리 진판델 122
프리미티보 122
피노 그리 139
피노 그리 리저브 파티큘리에 139
피노 그리지오 139
피노 누아 13, 108
피노 블랑 143
피노 블랑 리저브 143
피노타지 127
피자주 181

ㅎ

행타임(Hangtime) 42
홉노브 메를로 113
흔적(다리 25

영문

Batonnage 44
BIN 51 에덴 밸리 리슬링 134
BIN 407 카베르네 소비뇽 108
Bouchonne 49
Debourbage 182
Disk 32
Hangtime 42
Must 180
R 드 리외세크 48, 141
Skin Contact 182

번호

1차 아로마 72, 73
2차 아로마 72, 73
3차 아로마 72, 73